T0128296

essentials

essentials liefern aktuelles Wissen in konzentrierter Form. Die Essenz dessen, worauf es als „State-of-the-Art" in der gegenwärtigen Fachdiskussion oder in der Praxis ankommt. *essentials* informieren schnell, unkompliziert und verständlich

- als Einführung in ein aktuelles Thema aus Ihrem Fachgebiet
- als Einstieg in ein für Sie noch unbekanntes Themenfeld
- als Einblick, um zum Thema mitreden zu können

Die Bücher in elektronischer und gedruckter Form bringen das Fachwissen von Springerautor*innen kompakt zur Darstellung. Sie sind besonders für die Nutzung als eBook auf Tablet-PCs, eBook-Readern und Smartphones geeignet. *essentials* sind Wissensbausteine aus den Wirtschafts-, Sozial- und Geisteswissenschaften, aus Technik und Naturwissenschaften sowie aus Medizin, Psychologie und Gesundheitsberufen. Von renommierten Autor*innen aller Springer-Verlagsmarken.

Roger Strathausen

Wissen als Handlungsoption

Zum Zusammenspiel von Menschlicher und Künstlicher Intelligenz in der Rechtsindustrie

Roger Strathausen
Dr. Strathausen Consultancy
Frankfurt / Main, Deutschland

ISSN 2197-6708   ISSN 2197-6716 (electronic)
essentials
ISBN 978-3-662-66680-7   ISBN 978-3-662-66681-4 (eBook)
https://doi.org/10.1007/978-3-662-66681-4

Die Deutsche Nationalbibliothek verzeichnet diese Publikation in der Deutschen Nationalbibliografie; detaillierte bibliografische Daten sind im Internet über http://dnb.d-nb.de abrufbar.

Springer ist ein Imprint der eingetragenen Gesellschaft Springer-Verlag GmbH, DE und ist ein Teil von Springer Nature.
Die Anschrift der Gesellschaft ist: Heidelberger Platz 3, 14197 Berlin, Germany

Was Sie in diesem *essential* finden können

- Begriffserklärungen zu Daten, Informationen, Wissen und Handeln
- Wie Unternehmen in der Vergangenheit mit Wissen umgegangen sind
- Was sich heute durch die Digitalisierung ändert
- Wie digitale Daten zu menschliche Handlungen führen, und vice versa
- Welche unternehmerischen Möglichkeiten sich aus der Digitalen Transformation in der Rechtsbranche ergeben, am Beispiel des Vertragsmanagements

Einleitung: Digitalisierung, Humanisierung und Rechtsgeschäfte

Die juristische Arbeitsweise ist traditionell durch das Bearbeiten einzelner Fälle durch einzelne Anwälte geprägt, die das dazu notwendige Grundwissen durch ihr Studium oder ihre Erfahrungen mit ähnlichen Fällen schon besitzen und sich das jeweils fehlende Detailwissen durch Nachforschen aneignen. Der gegenwärtige globale Digitalisierungstrend[1] im Business-to-Business (B2B) Bereich der Rechtsbranche (also bei Rechtsgeschäften[2] zwischen Unternehmen aller Größen und Industrien und der daran beteiligten Anwaltskanzleien) ändert jedoch das Wesen, den Wert und vor allem auch den Umgang mit der Ressource *Wissen*.

Für die Durchführung geschäftlicher Transaktionen besaß *Rechts-Wissen* (in den jeweiligen Jurisdiktionen und Rechtsthemen) seit jeher einen sehr hohen Wert. Es ist daher einerseits verständlich, dass dieses materielle Rechtswissen von vielen Anwälten immer noch als persönlicher Wettbewerbsvorteil bei der Mandantengewinnung und -betreuung gesehen und selbst mit Kollegen im gleichen Unternehmen nur ungern geteilt wird.[3]

Andererseits widerspricht das Horten von Wissen der Natur dieses Produktionsfaktors, da durch seine Weitergabe neue Informationszusammenhänge und

---

[1] Das McKinsey Global Institute schätzte im Jahr 2018, dass durch *Digitalisierung* und *Automatisierung* bis 2030 zusätzlich 13 Billionen USD zum globalen BIP hinzugefügt werden könnten. Assessing the Economic Impact of Artificial Intelligence (itu.int).

[2] Als „Rechtsgeschäft" bezeichne ich jede Form geschäftlicher Transaktion, die einen rechtlich verbindlichen Charakter hat, und ich betrachte daher alle Kauf-, Verkaufs- und Partner-Verträge, die kommerzielle und non-profit Unternehmen sowie öffentliche Einrichtungen miteinander schließen, als *Rechtsgeschäfte*.

[3] Siehe die Ergebnisse einer 2018 vom LLI in Zusammenarbeit mit dem Hasso Plattner Institute (HPI) durchgeführten Studie unter Anwälten. Project with Hasso Plattner Institute: Collaboration within the legal market - Liquid Legal Institute e. V. (liquid-legal-institute.com).

neues Wissen entstehen. Der Bestand an Wissen wird durch seinen Gebrauch also nicht verringert, sondern im Gegenteil vermehrt. Die IT-Branche hat sich diese Eigenschaft des Wissens schon seit den 60er und 70er Jahren des vergangenen Jahrhunderts zunutze gemacht und durch Open Source Programmierern ermöglicht, auf kollaborative Weise Software und andere Werte zu schaffen, die allen Marktteilnehmern frei und kostenlos zur Verfügung stehen.[4]

In der Rechtsbranche hingegen ist der protektionistische Umgang mit Wissen ebenso wie das isolierende Jurastudium, die frühzeitige fachliche Spezialisierung, die hierarchische Organisation der Anwaltskanzleien und das einzelkämpferische Selbstverständnis vieler Anwälte Ausdruck einer zwar ehrwürdigen, aber zunehmend auch antiquiert wirkenden Profession.[5]

Lange Zeit erschien der staatlich reglementierte Anwaltsberuf immun gegen soziale und wirtschaftliche Veränderungen. Erst durch die globale Finanzkrise 2007 entstand bei den Kunden der Kanzleien, den internen Rechtsabteilungen von Unternehmen, ein derart enormer Kostendruck, dass auch die Rechtsdienstleister sich der Forderung gegenüber sahen, ihre Leistungen nicht nur schneller und transparenter, sondern auch kostengünstiger anzubieten. *„Do more with less"* wurde zum Mantra der General Counsels gegenüber ihren externen Anwälten[6], und diese Entwicklung führte seit Mitte der 2010er Jahre zur explosionsartigen Vermehrung von LegalTech Start-Ups und zu einer zunehmenden Digitalisierung des Rechtsmarkts.[7]

Dennoch ist das staatlich verbriefte *Wissen* von Anwälten weiterhin der Grund dafür, warum es Anwaltskanzleien auch nach dem durch die Finanzkrise verursachten vorübergehenden Umsatzeinbruch ökonomisch gegenwärtig wieder sehr gut geht. Auch Syndikus-Anwälte in den Rechtsabteilungen großer Unternehmen erhalten weiterhin relativ hohe Gehälter[8], obwohl die Rechtsabteilungen selbst unternehmensintern zunehmend unter Druck geraten, ihren Wertbeitrag für

---

[4] Siehe Open Source User Foundation: Blueprint for the Common Legal Platform? | SpringerLink.

[5] Siehe LIQUID LEGAL Manifesto: Changing the State of Aggregation in Legal | SpringerLink.

[6] Siehe The Value of Everything: How to Measure and Deliver Legal Value? | SpringerLink; The Value Add of Legal Departments in Disputes: Making a Business Case Rather Than Providing Pure Legal Advise | SpringerLink.

[7] Siehe LegalTech on the Rise: Technology Changes Legal Work Behaviours, But Does Not Replace Its Profession | SpringerLink.

[8] Siehe Gehalt von Juristen: Wie viel Geld verdienen sie? (beck-stellenmarkt.de).

das Unternehmen zu spezifizieren, Kosten zu reduzieren und sich von passiven (Rechts-) Beratern zu aktiven (Geschäfts-) Gestaltern zu wandeln.[9]

Durch die digitale Transformation der Unternehmen gewinnt *Wissen* nun zunehmend auch an Bedeutung für die Entstehung neuer Geschäftsmodelle und Rechtsprozesse. Die Nutzung von Computern und Software zur effizienteren und schnellerer Durchführung geschäftlicher Aufgaben, von betriebswirtschaftlicher Unternehmensplanung und -steuerung bis zu Tabellenkalkulationen, Textverarbeitungen und Präsentationen, ist so alt wie die entsprechenden Enterprise-Resource-Planning (ERP)- und Office-Programme selbst, also fast ein halbes Jahrhundert. Neu an der aktuell als *Digitalisierung* bezeichneten Transformation des Rechtsmarkts ist, dass traditionelle Wertschöpfungsketten in mehrere kleine Arbeitsschritte zerlegt werden können, deren computergestützte Erledigung das Kosten-Nutzen-Gefüge der Gesamtkette verändert und innovative Geschäftsmodelle entstehen lässt.[10]

Rechtswissen meint aktuell also nicht mehr nur *die Kenntnis von materiellem Recht*, also zum Beispiel von Gesetzen, Kommentaren und Gerichtsentscheidungen im neuen Rechtsthema *Digitalisierung*, sondern zunehmend auch das *Wissen um die Möglichkeiten neuer rechtlicher Dienstleistungen und Angebote durch die Dekonstruktion bestehender Rechtsprozesse.*[11]

Ein gutes Beispiel für die neuen Geschäftsmodelle, die durch Digitalisierung entstanden sind, ist die *LegalTech-Branche.*[12] Besonders bei hochvolumigen Aufgaben mit relativ geringen Wertbeiträgen wie *Due Diligence* (der Untersuchung riesiger Datenmengen auf mögliche Rechtsrisiken, etwa bei Mergers und Acquisitions) und *Vertragsmanagement* ermöglicht LegalTech Software den Kunden, ihre Geschäfte einfacher, schneller und günstiger zu erledigen, da Dokumente und Verträge nicht mehr manuell von hochbezahlten Juristen analysiert und erstellt werden müssen.

---

[9] Siehe Legal Advisor–Service Provider–Business Partner: Shifting the Mindset of Corporate Lawyers | SpringerLink; The Legal Department: From Business Enabler to Business Creator | SpringerLink; Products and Platform as Next Challenges to Legal Service Providers: How Trusted Relationships May Help | SpringerLink.

[10] Siehe Legal Process Outsourcing: Redefining the Legal Services Delivery Model | SpringerLink.

[11] Siehe Shifting Client Expectations of Law Firms: Morphing Law Firms into Managed Services Providers | SpringerLink.

[12] Siehe Legal Tech und Legal Robots – Der Wandel im Rechtswesen durch neue Technologien und Künstliche Intelligenz | Jens Wagner | Springer https://link.springer.com/chapter/10.1007/978-3-658-28555-5_3.

So kann *Natural-Language Processing* (NLP) bei Gesetzesänderungen im Bereich *Datenschutz* Unternehmen helfen, schneller und sicherer den neuen Vorschriften zu entsprechen, indem die Software alle von der Änderung betroffenen Dokumente identifiziert und die notwendigen Änderungen weitgehend selbständig vornimmt.[13]

Beim *Vertragsmanagement* bleibt die konkrete inhaltliche Gestaltung und Verhandlung komplexer Rechte und Pflichten der Vertragspartner zwar weiterhin eine Kernaufgabe von Anwälten, weil nur sie das notwendige Fachwissen besitzen, um ihre jeweiligen Kunden vor rechtlichen Risiken zu schützen. Aber sowohl die formale Gestaltung der Verträge[14] als auch das gesamte *Drumherum* der inhaltlichen Vertragsgestaltung, also das Management des Vertrags-Lebenszyklus, von der Entwicklung von Vertragsvorlagen und anderer Rechtsdokumente (zum Beispiel Unternehmensrichtlinien), der Speicherung und Verwaltung von Vertragsentwürfen und -änderungen in einem zentralen und durchsuchbaren Repository, der Administration von Genehmigungsprozessen bis hin zur elektronischen Unterschrift und der einfachen Auffindbarkeit und Wiederverwendung der unterschriebenen Verträge und anderer digitaler Assets, kann sehr wohl von Software teilweise oder sogar vollständig, als automatisierter Prozess, übernommen werden.[15]

Aber auch in Bezug auf den Umgang mit *Rechtsstreitigkeiten* bietet die Digitalisierung neue Möglichkeiten. *Predictive Analytics* Software unterstützt Versicherungs- und andere Unternehmen dabei, basierend auf Erfahrungen mit früheren Fällen die Wahrscheinlichkeit von berechtigten oder unberechtigten Kundenansprüchen vorherzusagen oder die rechtlichen Chancen und Risiken sowie die ökonomischen Folgen für eine außergerichtliche Einigung oder ein Gerichtsverfahren abzuwägen.

Der Einsatz von intelligenter und eigenständig lernender Software verändert daher nicht nur einzelnen rechtlichen Dienstleistungen, sondern den gesamten Rechtsmarkt.[16] Es entstehen Firmen, die zwar selbst keine Rechtsberatung anbieten (und auch nicht anbieten dürfen, weil dies nur staatlich geprüften Anwälten erlaubt ist), aber trotzdem im Rechtsmarkt kommerziell erfolgreich sind, weil sie aus den traditionellen Rechtsprozessen diejenigen Arbeitsbestandteile herauslösen

---

[13] Siehe Writing It Up Right: Which Document Automation Tool Is Best for Me? I Springer-Link.

[14] Siehe Business-Friendly Contracting: How Simplification and Visualization Can Help Bring It to Practice I SpringerLink.

[15] Siehe Contract Is Code! I SpringerLink.

[16] Siehe AI + EI = Future I SpringerLink.

und maschinell durchführen lassen, die nicht notwendig von Anwälten verrichtet werden müssen und früher von diesen nur deshalb mit erledigt wurden, weil sie operativ von den juristischen Kernaufgaben nicht zu trennen waren.

Und es entstehen Softwarelösungen wie Predictive Analytics, die *mehr wissen* und schneller Ergebnisse liefern können als einzelne Anwälte oder gar ganze Anwaltskanzleien, weil sie *Big Data* als Quelle für neue Einsichten durch Mustererkennung nutzen.[17]

Dieses Buch ist geschrieben für alle Mitarbeiter in kommerziellen, nonprofit und öffentlichen Organisationen jedweder Größe und Industrie, zu deren Aufgabengebiet die Vorbereitung, Durchführung und Nachbereitung von Rechtsgeschäften gehören.

Ich meine damit ausdrücklich nicht nur Anwälte, Syndikus-Anwälte und Rechtsassistenten, sondern eben auch Mitarbeiter (unabhängig von ihrem Studium, ihrer Berufsausbildung und der Hierarchiestufe, auf der sie tätig sind) in kunden-, lieferanten- und partnernahen Geschäfts- und Verwaltungsbereichen wie Marketing, Vertrieb, Einkauf und Service und Support, die ihre Kollegen in den Rechtsabteilungen bei der rechtlichen Gestaltung des Kaufs und Verkaufs von Gütern und Dienstleistungen unterstützen.[18]

All diesen Mitarbeitern ist gemein, dass die digitale Transformation der Rechtsbranche und die neuen Möglichkeiten rund um die Ressource *Wissen* ihren unmittelbaren Arbeitsalltag, ihre Aufgaben und Tätigkeiten und auch ihre persönlichen Karriereaussichten verändern. Zur besseren Lesbarkeit habe ich auf das Gendern des Textes verzichtet.

---

[17] Siehe Lex Automata: Is It Finally Time? I SpringerLink; Protectability and Enforceability of AI-Generated Inventions I SpringerLink.

[18] Siehe Masters of Ambiguity: How Legal Can Lead the Business I SpringerLink.

Inhaltsverzeichnis

AlphaGo Zero, oder: Das Ende des Wissensmanagement

1

Im März 2016 besiegte das Computerprogramm AlphaGo einen der besten menschlichen Go-Spieler der Welt mit 4:1.[1] Im Oktober 2017 wiederum besiegte das Nachfolgeprogramm von AlphaGo, AlphaGo Zero, das nur mit den Regeln des Go-Spiels und den Siegesbedingungen ausgestattet und ausschließlich durch das Spielen gegens sich selbst trainiert worden war, AlphaGo mit 100:0 – nach nur 3 Tagen Training.

Das chinesische Brettspiel Go ist mit seinem 19×19 Felder großen Brett deutlich komplexer als das aus nur 8×8 Feldern bestehende Schachspiel, weil es eine fast unendliche Menge an Spielzügen erlaubt. Die Komplexität des Go-Spiels bedeutete für die AlphaGo Zero Entwickler, dass die von früheren Entwicklern genutzte Methode der Vorprogrammierung, kombiniert mit einer Optimierung der Rechenleistung, nicht mehr sinnvoll war.

Während klassische Schachprogramme eine Spielsituation mit von Großmeistern definierten Kriterien und einer Vorausberechnung aller möglichen Züge bewerten, ist AlphaGo Zero ein vollkommen autodidaktisches Programm. Es lernt eigenständig, ohne menschliche Vorgaben, indem es mit Zufallszügen gegen sich selbst spielt und dabei ein eigenes neuronales Netzwerk aufbaut, das mögliche Züge und Strategien immer wieder neu bewertet und dadurch optimiert. Anstatt also alle möglichen Züge als gleichwertig zu betrachten, konzentriert sich AlphaGo Zero auf die aussichtsreichsten Varianten und reduziert so die Anzahl der zu untersuchenden Möglichkeiten.

Man könnte sagen: AlphaGo Zero erzeugt selbstlernend *Erfahrungswissen*. Schon nach einer kurzen Selbstlernphase *weiß* das Programm, welche Züge erfolgsversprechend sind, und welche nicht. Damit funktioniert AlphaGo Zero ähnlich wie das Gehirn eines Menschen, das sich in komplexen Situationen mit

---

[1] Siehe AlphaZero – Wikipedia.

R. Strathausen, *Wissen als Handlungsoption*, essentials, https://doi.org/10.1007/978-3-662-66681-4_1

einer Vielzahl möglicher Verhaltensweisen intuitiv auf diejenigen konzentriert, die vor dem Hintergrund der eigenen Lebenserfahrung als sinnvoll zur Erreichung eines bestimmten Zieles erscheinen.

1.1   Was ist *Wissen?*

Wissen ist ein weites Feld, sowohl in philosophischer und wissenschaftlicher als auch in alltagssprachlicher Hinsicht. „*Wissen ist Macht"* formulierte der englische Philosoph Francis Bacon bereits im 16. Jahrhundert und wies damit früh auf die praxisrelevante Dimension des Wissens hin. Für viele Sozialwissenschaftler der Gegenwart wiederum markiert spätestens der Beginn des dritten Jahrtausends den Übergang von der Industrie- und Dienstleistungsgesellschaft zur *Wissensgesell-schaft,* weil Wissen neben Boden beziehungsweise Rohstoffen, Kapital und Arbeit zu einem vierten Produktionsfaktor geworden ist. Und schließlich ist *Wissen* ein auch in der Erkenntnistheorie seit Jahrhunderten umstrittener Begriff, zu dem es viele unterschiedliche Definitionen gibt und dessen semantischer Anspruch auf *Wahrheit* kontrovers diskutiert wird.

Die in diesem Buch vorgestellte Idee von „Wissen als Handlungsoption" beruht auf der vor allem in der Informatik, aber auch in der Psychologie, Pädagogik und in den Sozialwissenschaften verbreiteten *pragmatischen Sicht von Wissen als vernetzte Informationen.* Danach werden Informationen dann zu *Wissen,* wenn sie in einem sozialen Kontext stehen, der diese Informationen für eine bestimmte Bezugsgruppe *nutzbar* macht.

Wissen steht damit an der Spitze einer vierstufigen Pyramide[2] zunehmender Vernetzung und Kontextualisierung von Zeichen. Schon isolierte sprachliche und numerische Zeichen von „A" bis „Z" und „0" bis „9" verweisen auf etwas anderes und besitzen daher Bedeutung, wobei diese Bedeutung wegen des fehlenden Kontextes unklar bleibt. „A" könnte zum Beispiel wirklich nur den „Buchstaben A" bedeuten, je nach Kontext aber auch eine unendliche Menge anderer Bedeutungen besitzen. Durch syntaktische Regeln werden Zeichen zu *Daten* miteinander verbunden, wodurch ihr Bedeutungspotenzial reduziert und konkretisiert wird. So ist denkbar, dass die Zeichenkombination „08:40" für eine Uhrzeit und die Zeichenkombination „AA25" für eine Flugnummer stehen, aber auch diese

---

[2] Es gibt auch eine Reihe von dreistufigen Wissenspyramiden, die mit „Daten" statt „Zeichen" beginnen (siehe z. B. File:Wissenspyramide.svg – Wikimedia Commons). Zuweilen wird der dreistufigen Wissenspyramide auf der obersten Stufe dann noch die Dimension „Weisheit" hinzugefügt, siehe zum Beispiel Wikipedia „DIKW" DIKW pyramid – Wikipedia.

möglichen Bedeutungen können ohne konkreteren Kontext aus den Daten „08:40" und „AA25" allein nicht sicher abgeleitet werden. Erst durch die weitere Vernetzung von Zeichen und Daten entstehen Aussagen, etwa in Form von „Abflug AA25 um 08:40 Uhr" als Anzeige auf einer Tafel am Flughafen, die semantisch interpretierbar sind und Daten zu Information mit relativ klarer Bedeutung werden lassen. Und erst auf der (unter Nicht berücksichtigung der Dimension *Weisheit*) letzten Stufe der Vernetzung, wenn Zeichen, Daten und Informationen noch weiter kontextualisiert und in einen lebenspraktischen Zusammenhang gestellt werden, entsteht *Wissen* – in unserem Beispiel von und für Reisende, die um 08:40 Uhr mit der Maschine AA25 einen Flug antreten möchten.

Es sind also ein *konkretes Interesse und eine Handlungsabsicht,* die Informationen für bestimmte Menschen zu *Wissen* werden lassen. Für Menschen außerhalb dieses Interessens- und Handlungskontextes bleibt „Abflug AA25 um 08:40 Uhr" eine bloße Information, weil *sie nicht verreisen möchten* und die Information für sie daher keinen praktischen Nutzen besitzt.

Dieser Praxisbezug unterscheidet Wissen auch von verwandten Begriffen wie *Bildung* und *Kompetenz,* die persönliche Eigenschaften und Fähigkeiten beschreiben, mit deren Hilfe praxisrelevantes Wissen bedarfsgerecht generiert werden kann.

Ich definiere Wissen als kontextabhängige Befähigung zum Handeln
Handlungen sind intentional und zielorientiert. Wissen ermöglicht uns also, unsere Ziele zu erreichen[3] – und genau darin liegt der Hauptunterschied zwischen Menschlicher und Künstlicher Intelligenz: *Maschinen können selbst keine Ziele entwickeln, weil Künstliche Intelligenz immer nur in geschlossenen digitalen Systemen ,denkt'.* Das Computerprogramm AlphaGo Zero vermag nur deshalb so außerordentlich schnell zu lernen und seine Go-Spielstärke exponentiell zu steigern, weil die Regeln des Spiels vorgegeben sind, immer gleich bleiben und weil AlphaGo Zero, im Gegensatz zu lebenden Organismen, sich nicht selbst mit Energie versorgen muss. Der Strom zum Betreiben von AlphaGo Zero wird von außen zugeliefert, ohne dass die Maschine etwas dafür tun muss.

Bei autopoetischen, das heißt sich selbst erhaltenden und fortpflanzenden Lebewesen ist das anders. Sie müssen ihren Organismus über Zeit eigenständig

---

[3] Ich setze in meinen Überlegungen die *Wahrheit* des Wissens voraus. Die Möglichkeit, dass eine handelnde Person nur über *falsches* Wissen verfügt, das nicht zur Erreichung ihres Ziels beiträgt, lasse ich hier außer Acht und verweise auf die komplexe philosophische Diskussion über das Verhältnis von Wissen zu Wahrheit. Siehe Wissen – Wikipedia.

entwickeln und sich dazu auch körperlich bewegen, damit das Gehirn durch real-
weltliche Erfahrungen lernen und die zum Überleben notwendige Energieaufnahme
von außen steuern kann. Anders als der berühmte „Schachtürke"[4] im 18. Jahrhundert bewegt sich AlphaGo Zero hingegen gar nicht, die Maschine *tut* nichts außer
Rechnen.

Ein weiteres Beispiel dafür, dass die ungeheure Leistungsstärke und operative
Effizienz Künstlicher Intelligenz klare normative Bedingungen voraussetzt, sind
Kryptowährungen wie Bitcoin und Ethereum, also dezentrale Buchhaltungssys-
teme. Mittels Blockchain-Technologie, Kryptographie und Tokens vermögen diese
Systeme geschäftliche Transaktionen zwischen Nutzern, also zum Beispiel den Kauf
einer Ware in einem Online-Shop, vollautomatisch abzuwickeln (sogenannte Smart
Contracts), ohne dabei zentrale Institutionen wie Banken zu involvieren, die bei
realweltlichen Käufen mit Debit- oder Kreditkarten als Mittler zwischen Käufer
und Verkäufer auftreten.

In der Blockchain zieht eine geschäftliche Transaktion automatisch die Übertragung der entsprechenden Tokens (als Zahlungsmittel) vom Wallet des Käufers in das
des Verkäufers nach sich und wird dezentral auf den Peer-to-Peer miteinander ver-
bundenen Rechnern aller Blockchain-Teilnehmer dokumentiert und verwaltet, ohne
dass der Zahlungsstrom von einer zentralen Institution wie einer Bank veranlasst
wird. Die Transaktion wird schneller und fälschungssicher, weil sie in der Blockchain *gehasht*[5] wird und die Blockchain im Nachhinein nicht mehr manipuliert
werden kann.

Blockchains und Smart Contracts funktionieren jedoch nur in einer geschlossenen Welt – nämlich der jeweiligen Datenbank, innerhalb derer sie ablaufen. Um
Smart Contracts verwenden zu können, müssen Nutzer Fiatgeld in die jeweilige
Kryptowährung tauschen, damit deren Besitzstände dann dezentral und nicht-
manipulierbar verwaltet werden können. Die stabile Blockchain-Welt bleibt von
der sich permanent ändernden real-physikalischen Welt genauso getrennt wie die
Intelligenz von AlphaGo Zero von der Lösung aller nicht-Go-bezogenen Probleme.

Im Unterschied zur begrenzten digitalen Welt Künstlicher Intelligenz lebt der
Mensch als biologisches Wesen in der analogen und real-physikalischen Welt und
muss sich an wechselnde Rahmenbedingungen anpassen. Er nutzt seine Intelligenz,

---

[4] Der „Schachtürke" war ein scheinbarer Schachroboter, in dem aber ein Mensch versteckt
war; siehe Schachtürke – Wikipedia.
[5] Durch Hashfunktionen werden große Eingabemengen an Daten auf kleinere Zielmengen
abgebildet *(gehasht);* siehe Hash function – Wikipedia.

um seine körperlichen und psychologischen Bedürfnisse[6] in einer sich permanent verändernden Umwelt zu befriedigen.

Es gibt für Menschen also keine ewig gleichbleibenden Regeln, wie in einer geschlossenen Blockchain-Datenbank, und auch kein absolutes Ziel wie die Besiegung des Go-Spielgegner, an denen sie sich orientieren und ihr Verhalten optimieren könnten. Vielmehr besteht ihre intellektuelle Hauptleistung darin, ständig neue Ziele und Verhaltensstrategien zu entwickeln, um in einer sich wandelnden Welt überleben und sich selbst und ihre Persönlichkeit verwirklichen zu können.

Für die Menschen ist Wissen ein praktisches Werkzeug, das erst in bestimmten Kontexten aus der Vernetzung von Informationen entsteht, und zwar genau dann, wenn es der Erreichung immer wieder neu definierter Ziele dient.

1.2 Wie gehen Unternehmen mit der Ressource *Wissen* um?

Auf die von Sozialwissenschaftlern proklamierte *Wissensgesellschaft* reagierten Unternehmen mit dem Versuch, sowohl ihr eigenes organisatorisches Wissen als auch das Wissen ihrer Mitarbeiter sinnvoll zu verwalten und zu organisieren, um dessen betriebswirtschaftlichen Wertbeitrag zu steigern. Da Wissen eine Ressource ist, die – im Unterschied zu anderen Produktionsfaktoren wie Rohstoffe oder Arbeit – bei ihrer Verwendung nicht im Produkt aufgeht, sondern sich durch Vernetzung mit anderem Wissen sogar vermehrt, war der ökonomische Sinn des *Wissensmanagements* schnell und intuitiv ersichtlich.

Seitdem erfreut sich Wissensmanagement (das wegen seiner englischen Bezeichnung als *Knowledge Management* auch in Deutschland häufig als KM abgekürzt wird) in der Literatur und in der betrieblichen Praxis großer Beliebtheit, insbesondere in wissensintensiven Industrien wie Chemie, Pharma, IT und Telekommunikation und der Automobilindustrie. Die Eingabe des Begriffs *Wissensmanagement* bei Google ergibt über 2,2 Mio. Treffer.

Es lassen sich grob drei historische Phasen des Wissensmanagement unterscheiden, die mit den Begriffen „Inhalt", „Prozess" und „Communities" beschrieben werden können.

In den Anfängen des Wissensmanagements war die Strategie auf *Inhalte* ausgerichtet. Unternehmen wollten „wissen, was wir wissen" und konzentrierten

---

[6] Siehe Maslowsche Bedürfnishierarchie – Wikipedia.

sich darauf, das persönliche Wissen ihrer Mitarbeiter in organisatorisches Wissen zu verwandeln, indem sie deren Expertise schriftlich dokumentierten und dadurch anderen Mitarbeitern zugänglich machten. Während es zunächst nur darum ging, *explizites,* also semantisch eindeutiges und daher klar in Sprache kommunizierbares Wissen („wissen, dass") in Datenbanken und wissensbasierte Systeme aufzunehmen, trat später auch der Anspruch hinzu, das in den Köpfen von Experten zwar vorhandene, ihnen selbst aber nicht unbedingt bewusste, *implizite* Wissen („wissen, wie") zu externalisieren.

Ein in der Literatur häufig angeführtes Beispiel für implizites Wissen ist die Fähigkeit, Fahrrad zu fahren. Viele von uns können Rad fahren, aber die wenigsten sind in der Lage, die zum Halten des Gleichgewichts notwendigen Körperbewegungen explizit zu beschreiben. Ähnliches gilt für erfahrene Fachexperten, die selbst in komplexen Situation mit vielen Variablen schnell die richtige Entscheidung zu treffen vermögen, um ein Problem zu lösen oder ein Projekt zum Erfolg zu führen, ohne dabei immer genau angeben zu können, warum und wie sie ihre Entscheidung getroffen haben.

Mit dem Anspruch, implizites in explizites Wissen zu verwandeln, trat das Wissensmanagement in den 1990er Jahren in seine zweite, *prozessuale* Phase. Zum einen wurde versucht, das implizite Wissen von Experten durch Beobachtung, Interviews und Analysen verbal zu beschreiben und in IT-Systemen abzulegen. Zum anderen begannen Unternehmen damit, durchgängige Wissensmanagement-Prozesse zu implementieren: von der Identifikation wichtigen expliziten und impliziten Wissens über dessen Erfassung, Verschlagwortung und Aktualisierung in strukturierten Datenbanken bis hin zur aktiven Verbreitung von aktuellem Wissen und der Archivierung von veraltetem Wissen. Wissensmodellierung, also die Abbildung von Wissen in IT-gestützten Systemen, wurde zu einem wichtigen Teilgebiet des Wissensmanagements.

Wissenschaftlich untermauert wurde diese geschäftliche Praxis in dem 1995 von den Japanern Ikujirō Nonaka und Hirotaka Takeuchi veröffentlichten Buch *The Knowledge Creating Company* (deutsch 1997 als *Die Organisation des Wissens*: Wie japanische Unternehmen eine brachliegende Ressource nutzbar machen – Nonaka, Ikujiro, Takeuchi, Hirotaka, Mader, Friedrich – Amazon.de: Bücher), in dem die Wissenserzeugung als ein spiralförmiger Prozess der Umwandlung von implizitem Wissen zu explizitem Wissen (Externalisierung), der Verbindung von explizitem Wissen mit anderem explizitem Wissen (Kombination), der Verinnerlichung von explizitem Wissen zu implizitem Wissen (Internalisierung) und dem Übergang von implizitem Wissen zu implizitem Wissen (Sozialisation) beschrieben wird. In dem als *SECI* bekannt gewordenen Modell hat Wissensmanagement das Ziel, dem *„Prozess der kontinuierlichen*

Erzeugung von Wissen, seiner weiten organisationalen Verbreitung, und dessen rascher Verkörperung in neuen Produkten, Dienstleistungen und Systemen" zu dienen.

Nach der Jahrtausendwende trat das Wissensmanagement unter dem Einfluss von *Web 2.0* und den *Sozialen Medien* in seine dritte, durch interaktive und kollaborative *Communities of Practice* geprägte Phase. Während vormals Wissen immer strukturiert, also in durchsuchbaren Datenbanken, erfasst und abgelegt worden war, standen Unternehmen nun vor der Herausforderung, das in *unstrukturierten Daten* wie Chats, Blogeinträgen und anderen Fließtexten enthaltene und von allen Mitarbeitern permanent neu erzeugte und sich verändernde Wissen auf unternehmensinternen und -externen Communities of Practice und sozialen Netzwerken zu finden und zu nutzen.

Wissensmanagement wandelte sich zwar von einem zentral gesteuerten zu einem dezentral auf verschiedenen Plattformen ablaufenden Prozess, wurde aber in vielen Unternehmen weiterhin als wichtige Aufgabe angesehen. Die Arbeit dezidierter Wissensmanager bestand nun nicht mehr nur darin, sich um das Wissen selbst zu kümmern; vielmehr galt es, die technologischen, prozessualen und auch kulturellen Grundlagen dafür zu schaffen, dass Wissenssuchende sich in Communities mit Wissenden verbinden konnten.

Natürlich war es für Mitarbeiter auch weiterhin möglich, in einer von Knowledge Engineers strukturierten Datenbank nach Antworten auf ihre Fragen zu suchen. Zudem gab es nun aber auch die Möglichkeit, selbst aktiv eine Frage in einem Netzwerk bekannt zu machen und von anderen Netzwerkmitglieder ad hoc eine Antwort zu erhalten.

Die zunehmende Verbreitung von Wissen, das von beliebigen Nutzern in Communities erstellt worden war, brachte allerdings auch Qualitätsprobleme für die Unternehmen mit sich. In nicht-kuratierten Foren konnten Wissenssuchende nicht sicher sein, dass das von anderen geteilte Wissen tatsächlich „richtig" war. Was würde geschehen, wenn ein Service-Techniker sich bei der Reparatur eines Geräts beim Kunden auf einen Blogeintrag verließ und dadurch das Gerät noch mehr beschädigte oder gar ganz zerstörte?

Vor allem in stark regulierten Branchen wie der Finanz- und der Pharmaindustrie setzten die Unternehmen daher weiterhin stark auf die Dokumentation verifizierten Wissens und ließen die in Communities und sozialen Netzwerken erzeugten Wissensinhalte fortlaufend von Experten überprüfen und freigeben. Die zunehmende Dezentralisierung der Wissenserzeugung und Wissensnutzung in Communities führte so zwar häufig zum Ende von *zentralen* Wissensmanagement-Abteilungen, die oft als vorstandsnahe Stabsstellen organisiert worden waren, nicht aber zum Ende von Wissensmanagement an sich.

Im Gegenteil: Nach der Jahrtausendwende kam es vermehrt zur Bildung von lokalen und geschäftsbereichsspezifischen Teams, die sich weiterhin mit dem *Management von Wissen* beschäftigten.

Insbesondere Forschungs- und Entwicklungsabteilungen sowie kundennahe Bereiche wie Vertrieb und Service boten ihren Mitarbeitern ein breites Spektrum von wissensbezogenen Dienstleistungen an: zum Beispiel die Definition von Qualitätsstandards und Templates für Produkt-Dokumentation und Training, die Erstellung und Lokalisierung von Marketing und Vertriebsmaterialien, den Aufbau und Betrieb von Frage-und-Antwort Datenbanken für Self-Services, und nicht zuletzt die Betreuung von Communities of Practice und die systematische Nutzung des dort von Mitarbeitern erzeugten Wissens entlang des bekannten Kreislaufs (Identifikation, Überprüfung, Modellierung, Verbreitung, Nutzung, Analyse).

Oft wurden diese Wissensmanagement-Tätigkeiten auch Teil der seit Ende der 1990er Jahre aufkommenden *Corporate Universities,* die im Laufe der Zeit, ebenso wie die vormals zentralen Wissensmanagement-Einheiten, mehr und mehr dezentralisiert wurden und sich in Entwicklungs-, Vertriebs- und Service-Universities mit spezifischen Angeboten für ihre jeweiligen internen Kunden verwandelten.

1.3   Ohne *Wissen* kein Wissens*management*

Eine meiner Thesen lautet, dass Wissensmanagement (in seinen drei historischen Ausprägungen als Inhalts-, Prozess- und Community-Management) durch die zunehmende Entwicklung von Künstlicher Intelligenz nicht nur an Bedeutung verliert, sondern gänzlich obsolet wird, *weil Wissen nun in situativen Geschäftskontexten von Mitarbeitern selbständig und bedarfsgerecht erzeugt werden kann.*

Künstliche Intelligenz wird zu einem immer ansprechbaren Experten, der in Sekundenschnelle nicht nur riesengroße Bestände an strukturierten Daten, sondern durch *Natural Language Processing* (NLP) auch unstrukturierte, also nicht in Datenbankfeldern erfasste Daten wie zum Beispiel Fließtexte im Web und in sozialen Medien, nach Antworten auf Fragen durchsuchen kann. Die Ergebnisse einer mit Künstlicher Intelligenz durchgeführten Suche sind zudem weniger fehleranfällig als Auskünfte einzelner menschlicher Personen, weil Künstliche Intelligenz eine Vielzahl unterschiedlicher Quellen heranziehen und durch den Vergleich einer Suchanfrage mit früheren, ähnlichen Suchanfragen die Relevanz der Ergebnisse priorisieren kann. Für Millionen von Google-Nutzern ist diese

Fähigkeit von Künstlicher Intelligenz tagtäglich erfahrbar und ein wesentlicher Aspekt ihres beruflichen und privaten Lebens.

Der entscheidende Punkt ist, dass Wissen durch Künstliche Intelligenz ad hoc, situativ und bedarfsgerecht erzeugt werden kann und daher nicht mehr im Voraus erschaffen und ,gemanagt' werden muss.

Wissensmanagement muss immer von einem vordefinierten Bedarf ausgehen, um das zur Erreichung von bestimmten Geschäftszielen notwendige Wissen gleichsam auf Vorrat für die Zukunft produzieren und verwalten zu können.

Die Zukunft aber ist nicht planbar. Zukünftige Ereignisse zeichnen sich dadurch aus, dass sie anders sind als von Menschen erwartet und vorhergesehen. Durch die Globalisierung und die sich beschleunigende technologische Entwicklung entsteht eine als *VUCA* (*volatility, uncertainty, complexity* und *ambiguity,* deutsch: Volatilität, Unsicherheit, Komplexität und Ambiguität) bekannt gewordene Dynamisierung des Marktgeschehens, die agiles Handeln erfordert.

Zwar müssen die meisten Unternehmen auch trotz der zunehmend unsicheren Zukunft weiterhin betriebswirtschaftlich planen und strategische Geschäftsziele definieren, die zumindest für einen Zeitraum von einem bis drei Jahren gültig sind. Auf den mittleren und unteren Organisationsebenen müssen diese von der Unternehmensführung aufgestellten strategischen Ziele dann in taktische und operative Ziele für die einzelnen Mitarbeiter heruntergebrochen werden.

Diese taktischen und operativen Ziele sind aber Rahmen- und Umweltbedingungen ausgesetzt, die sich immer schneller ändern. Sie müssen daher von jedem Mitarbeiter angepasst werden können, um weiterhin als Mittel zum Erreichen der strategischen Unternehmensziele dienen zu können. Der aktuelle, situative Kontext, in dem ein Mitarbeiter eine Entscheidung treffen und handeln muss, macht es mehr denn je erforderlich, operative und als Mittel zum Zweck dienende Absichten kurzfristig zu ändern.

Veränderte Intentionen wiederum bringen einen neuen Wissensbedarf mit sich. Die im Wissensmanagement entstehende zeitliche Lücke zwischen der Erzeugung und der Nutzung des Wissens birgt daher zunehmend die Gefahr, dass das im Voraus produzierte Wissen schnell wertlos wird, weil es in neuen und nicht vorhersehbaren Geschäftskontexten oft unbrauchbar ist.

Die sich stetig verringernde Halbwertszeit von Wissen betrifft zwar nicht den Wert von *Bildung* (als die Fähigkeit, Wissen zu erzeugen), aber sie reduziert den Wert der *Verwaltung von Wissen.* Wissensmanagement wird obsolet, weil Wissen nur dann sinnvoll organisiert (neudeutsch: *gemanagt*) werden kann, wenn es als solches bereits vorhanden ist. Da das Wissen, das *morgen* gebraucht wird, aber immer seltener *heute* schon bekannt ist, macht es auch wenig Sinn, Wissen auf Vorrat zu produzieren. Und ohne Wissens*vorrat* gibt es auch keine Notwendigkeit für Wissens*management*.

1.4   Innovation und Führung sind *Menschensache*

Insgesamt ist *Management* als Organisations-Paradigma des vergangenen Jahrhunderts ohnehin an seine Grenzen gekommen, da Managementtheorien auf der *Trennung von Planung und Ausführung* beruhen und primär auf Effizienz und nicht auf Innovation ausgerichtet sind.[7]

Die Kritik an Begriff und Praxis von *Management* ist nicht neu.[8] Allen geschäftsprozess- und projektorientierten Organisationstheorien ist gemein, dass sie eine Organisation nicht primär als vertikale Positionshierarchien zur Durchsetzung von Quartals- und Jahres-Plänen (Aufbauorganisation), sondern als horizontale Wertschöpfungsketten und als ad-hoc Zusammenschluss von Teams darstellen, die schnell den jeweiligen Marktanforderungen entsprechend reagieren können (Ablauforganisation). Dabei ist es immer der Empfänger einer Leistung, also der interne oder externe Kunde, der definiert, welche Leistung von einer zuliefernden Einheit oder von einem Projekt benötigt wird, und nicht das Management der Liefereinheit.

Geschäftsprozesse und Projekte werden von dem Nutzen getrieben, den ein Kunde am Ende der Wertschöpfungskette oder der zeitlich befristeten Kollaboration von Mitarbeitern verschiedener Abteilungen erhalten möchte. Die zur Erzielung von ökonomischen Skaleneffekten starre Organisation vieler Unternehmen in vertikale und voneinander getrennte Funktionssilos (Entwicklung, Produktion, Vertrieb, Service und so weiter) steht dieser Marktorientierung diametral entgegen, weil sie den horizontalen oder projektgetriebenen Fluss von Daten, Tätigkeiten und Werten verlangsamt und wichtige Entscheidungen nur auf den höheren Hierarchieebenen jeder einzelnen Funktion getroffen werden können. Verglichen mit hierarchischen Unternehmen können heterarchische und in Prozessen und Projekten funktionierende Wissensorganisationen agiler auf Markterfordernisse reagieren.

Der permanente Wandel von ökonomischen, rechtlichen, politischen, sozialen und auch ökologischen Rahmenbedingungen und der daraus resultierende Zwang zu Agilität und Innovation ist eine geschäftliche Realität, denen heutige

---

[7] Siehe Leading When You're Not the Boss | SpringerLink.

[8] Siehe z. B. Amazon.com: Das Ende des Managements (9.783.430.200.462): Books.

Unternehmen genügen müssen. *Management* als vertikales Organisationsprinzip ist hingegen ebenso wie Künstliche Intelligenz auf Effizienzsteigerung innerhalb eines stabilen Rahmens ausgerichtet.

Bezogen auf Effizienz, also auf das optimale Verhältnis von Input zu Output, ist die menschliche Intelligenz der Künstlichen Intelligenz jedoch weit unterlegen. Wenn Ziele und Regeln fest definiert werden können, vermag der Computer inzwischen deutlich mehr zu leisten als der Mensch – AlphaGo Zero hat diesen Beweis bereits erbracht.

Nur dann, wenn es um *Innovation* geht, also darum, auf Veränderung und Wandel von außen zu reagieren und neue Ziele zu definieren, bleibt das biologische Gehirn dem elektronischen überlegen. Maschinen mögen effizientere Manager sein als Menschen – aber sie sind nicht innovativ und sie können nicht *führen.* Künstlicher Intelligenz fehlt bislang weiterhin die Fähigkeit zu echtem *Denken* als einer auf Veränderung und der Überschreitung von vorgegebenen Zielen und Regeln basierenden Erkenntnis.

Big Data und Künstliche Intelligenz können schnell und zuverlässig Antworten auf alle möglichen Fragen liefern – *aber was sind die richtigen Fragen?* So, wie die geschäftlichen Rahmenbedingungen sich ändern, so ändern sich auch unternehmerische Ziele. Nicht Antworten schaffen Innovation, sondern Fragen. Fragen werden von Menschen gestellt, weil sie bestimmte Erkenntnisinteressen haben und Ziele verfolgen. Neue Ziele erfordern neue Fragen, und neue Fragen erzeugen neues Wissen durch die Vernetzung vorhandener Daten und Informationen.

Wir assoziieren daher *Künstliche Intelligenz* mit Management und Effizienz, und *Menschliche Intelligenz* mit Innovation und Führung.

Kontextualisierung und der Handlungskreislauf des Wissens

2

Wissen ist immer kontextabhängig. Es entsteht permanent in Kontexten, in denen es für bestimmte Personen zur Erreichung von deren Zielen relevant ist – und erlischt genauso schnell wieder und wird zur bloßen Information, wenn es seinen Nutzen für die handelnden Personen in einem bestimmten Kontext verliert.

Aber was genau ist ein *Kontext?* Wann und wie entstehen *Kontexte?*

Der alltägliche Sprachgebrauch lässt vermuten, dass der Begriff *Kontext* fest definierte Zusammenhänge von Informationen bezeichnet, die Handlungen eine bestimmte Qualität verleihen. So mag in einem *unternehmerischen* Kontext der frühzeitige Verkauf großer Aktienpakete eines wenig später unerwartet Konkurs anmeldenden Unternehmens vorausschauend und klug erscheinen, während die Betrachtung der gleichen Handlung in einem *rechtlichen* Kontext die Frage aufwirft, ob der Aktienverkäufer bereits vor der Konkursanmeldung über nicht-öffentliche Informationen verfügte und sich durch Insidertrading womöglich strafbar gemacht hat.

Demgegenüber suggeriert die Herkunft des Nomens vom lateinischen Verb *contexere = „zusammenweben"*, dass *Kontexte* keine statischen Informationszusammenhänge sind, sondern durch handelnde Menschen aktiv erzeugt werden und sich fortlaufend verändern. Kontexte sind demnach *amorph* und *fluide,* und nur durch die Summe menschlicher Handlungen über einen längeren Zeitraum hinweg werden bestimmte gesellschaftlich-persönliche, technologische, rechtlich-wirtschaftliche und unternehmerische Kontexte überhaupt erst konstituiert, die dann wiederum als relativ stabil erscheinen.

Die Bedeutung von Kontext und Kontextualisierung für die Nutzung von vorhandenem und die Entstehung von neuem Wissen lässt sich am Beispiel *Sprache* veranschaulichen. Auf der einen Seite repräsentiert jede spezifische Sprache ein festes System aus Wörtern und grammatischen und phonetische Regeln, ohne dessen Kenntnis Menschen nicht kommunizieren können. Auf der anderen Seite wird

R. Strathausen, *Wissen als Handlungsoption*, essentials, https://doi.org/10.1007/978-3-662-66681-4_2

dieses System durch das alltägliche *Sprechen,* also durch die aktive Verwendung von Sprache durch Menschen, selbst wiederum verändert. Ähnlich verhält es sich mit Wissen. *Wissen* ist einerseits ein historisch fester Bestand an handlungsrelevanten Informationen, wird anderseits durch die Nutzung dieser Informationen in konkreten Handlungen aber auch ständig weiterentwickelt.

Für unseren Zweck verstehe ich daher *Kontext* als einen durch die Gesamtheit früherer Handlungen bereits bestehenden und relativ stabilen Informationszusammenhang, und *Kontextualisierung* als die Erzeugung eines *neuen Informationszusammenhangs* durch einzelne menschliche Handlungen.

Bezogen auf das obige Beispiel bedeutet *Kontextualisierung,* dass der beschriebene Aktienverkauf nicht mehr nur in einem unternehmerischen Kontext, sondern zusätzlich auch in einem rechtlichen Kontext betrachtet wird, wodurch ein neuer Informationszusammenhang hergestellt und potenziell neues Wissen, zum Beispiel über Insidertrading, erzeugt wird.

Kontextualisierung als Vernetzung vorhandener Informationen erzeugt also fortwährend neue Einsichten – ein *Motor des Wissens,* den ich als *Handlungskreislauf* in vier Schritten beschreibe:

1. **Menschliche Handlungen erzeugen digitale Daten.** *Digitalisierung* und das *Internet der Dinge* treiben diesen Prozess weiter voran.
2. **Digitale Daten beinhalten rechtliche und wirtschaftliche Chancen und Risiken.** In den Kontexten *Recht* und *Ökonomie* werden Daten mithilfe von *Maschinellem Lernen* zu Wissen verbunden, das entweder als positiv oder als negativ beurteilte Handlungsoptionen eröffnet.
3. **Rechtliche und wirtschaftliche Chancen und Risiken inspirieren unternehmerische Ziele.** Aus den Handlungsoptionen entwickeln *innovative* Menschen konkrete Ziele für ihr jeweiliges Arbeitsumfeld.
4. **Die Verwirklichung unternehmerischer Ziele erfordert menschliche Handlungen.** Um ihre Ziele zu erreichen, müssen *Entrepreneure* und *Intrapreneure* ihre Mitarbeiter und Kollegen *führen* und zu bestimmten Handlungen motivieren.

Die nachfolgende Graphik visualisiert diesen *Handlungskreislauf des Wissens* und ordnet den rechten Bereich (Daten im technologischen Kontext) der *Künstlichen Intelligenz,* und den linken Bereich (Ziele im unternehmerischen Kontext) der *Menschlichen Intelligenz* zu (Graphik 1).

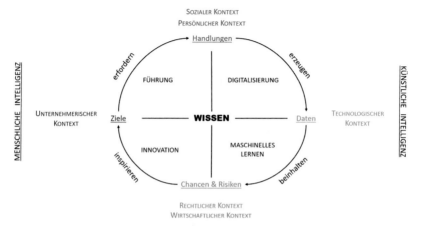

Graphik 1   Der Handlungskreislauf des Wissens

Im Folgenden widme ich jedem dieser vier Schritte im *Handlungskreislauf des Wissens* ein eigenes Unterkapitel und betrachte dabei auch die Bedeutung der Ressource *Wissen* in den entsprechenden Kontexten: dem gesellschaftlich-persönlichen[1], dem technologischen[2], dem rechtlich-ökonomischen[3] und dem unternehmerischen[4] Kontext.

---

[1] Mit *Gesellschaft* meine ich hier westliche Industrie- und Dienstleistungsgesellschaften, die durch Demokratie, Gewaltenteilung und (soziale) Marktwirtschaft gekennzeichnet sind; siehe Gesellschaft (Soziologie) – Wikipedia. Als *persönlichen Kontext* bezeichne ich die historischen und aktuellen Merkmale der „Lebenswelt" eines Menschen (siehe Lebenswelt – Wikipedia).

[2] Ich verwende den Begriff *Technologie* im umfassenderen englischen Wortsinn von *Technology,* der von „Technik über Gerät, Werkzeug, Methode, Computerprogramm bis hin zu technischen Systemen und Verfahren" reicht; siehe Technologie – Wikipedia.

[3] Unter dem *rechtlich-wirtschaftlichen Kontext* verstehe ich die *Rechtsbranche* oder -*industrie* der westlichen Welt; ich beziehe mich also auf das ökonomische Ökosystem von *Zivilrechts- und Common-Law-Systemen* und lasse religiöse Rechtssysteme (das christliche kanonische Recht, die islamische Scharia, die jüdische Halakha und das hinduistische Recht) außer Acht; siehe Rechtskreis – Wikipedia.

[4] Zum *unternehmerischen Kontext* gehören für mich (neben dem Unternehmen selbst und seinem Marktumfeld, also Kunden, Lieferanten, Partner, Konkurrenten, etc.) nicht nur die geschäftlichen Tätigkeiten der Eigentümer *(Entrepreneur),* sondern auch die gestalterischen Handlungen von angestellten Mitarbeitern auf allen Hierarchieebenen des Unternehmens *(Intrapreneur,* siehe Intrapreneurship – Wikipedia). In diesem Buch beschränke ich mich auf die Betrachtung von Unternehmen in der Rechtsbranche.

Ich beginne meine Analyse des *Handlungskreislauf des Wissens* mit der Betrachtung der Gesamtheit menschlicher Handlungen in einer Gesellschaft und ende mit der Betrachtung einzelner persönlicher Handlungen. Persönliche Handlungen schließen den Kreislauf des Wissens und lassen ihn von neuem beginnen, weil sie in ihrer Gesamtheit eben jene gesellschaftlichen Handlungen konstituieren, deren Analyse das erste Unterkapitel gewidmet ist.

2.1 Menschliche Handlungen erzeugen digitale Daten

Menschen handeln. Noch bevor der Arbeitstag eines erwachsenen Menschen beginnt, hat er schon Dutzende oder Hunderte von Handlungen[5] zu Hause und auf dem Weg zur Arbeit vollzogen. Wir stehen auf, gehen ins Bad, versorgen unsere Kinder, ziehen uns an, frühstücken und steigen in die U-Bahn oder ins Auto, um zur Arbeit zu fahren. Während des Tages verrichten wir in Zusammenarbeit mit Kollegen, Kunden, Partnern und Lieferanten wiederum unzählig viele Handlungen, bevor wir am Ende des Arbeitstages einkaufen gehen, um abends etwas zu essen zu kochen, uns um die Kinder, ihre Freuden, Ängste (und bei jüngeren Kindern: um ihre Hausaufgaben) zu kümmern, danach die Küche und die gesamte Wohnung aufzuräumen und am Ende vielleicht fernzusehen oder (in Nach-Corona-Zeiten) uns mit Freunden in einer Bar zu treffen, bevor wir ins Bett gehen und der nächste Arbeitstag wieder von vorne beginnt.

Arbeitsfreie Tage unterscheiden sich von Arbeitstagen in Art und Umfang der Handlungen, aber eines bleibt gleich: wir handeln. Mit der Ausnahme von Schlafens- und Ruhezeiten sind wir jeden Moment des Tages damit beschäftigt, durch bewusste und gezielte Tätigkeiten Ziele zu erreichen. Für uns Menschen bedeutet Leben hauptsächlich *handeln*.

2.1.1 Automatische Protokolle durch Handlungen in der digitalen Welt

Außer in der realen Welt vollziehen sich menschlichen Handlungen zunehmend auch in der digitalen und virtuellen Welt von Computern und Smartphones,

---

[5] Wichtig ist, dass unbewusste oder ungewollte Körperbewegungen wie Tics (Tic – Wikipedia) oder Veränderungen der Körperhaltung im Schlaf *keine* Handlungen darstellen, da Handlungen immer bewusst und intentional sind und der Handelnde ein konkretes Ziel verfolgt.

genauer gesagt: in den vielfältigen Programmen[6] und Applikationen, die auf diesen Geräten installiert sind und bestimmte Services anbieten. Und obwohl unsere Handlungen in der virtuellen Welt denen in der realen Welt ähneln, wir also auch beim Schreiben von e-Mails oder Textnachrichten, bei der Bildtelefonie mit Familie und Freunden, beim Kauf oder Verkauf von Artikeln auf Amazon oder eBay und auch beim Bergsteigen in einer *Virtual Reality* bewusst körperliche Bewegungen ausführen, um ein bestimmtes Ziel zu erreichen, so gibt es doch einen wichtigen Unterschied zwischen beiden Handlungsarten. **Handlungen in der real-physikalischen Welt sind normalerweise vergänglich.** Sie verändern zwar die Wirklichkeit, indem zum Beispiel ein Auto ordnungswidrig am Straßenrand geparkt wird, und sie mögen im Gedächtnis der handelnden Person oder eines Betrachters als *Erinnerung* auch dann weiter existieren, wenn sie bereits vollzogen wurden, aber die Handlungen selbst werden nicht *protokolliert.*

Unter *Protokollierung* verstehen wir die *Dokumentation einer Handlung in Raum und Zeit,* wodurch die Handlung (und nicht nur ihr Effekt) später auch für Unbeteiligte objektiv nachvollziehbar wird. So mag im obigen Beispiel das Falschparken durch einen Mitarbeiter des Ordnungsamts protokolliert werden und zu einem Strafzettel führen, aber der Mitarbeiter erfasst nicht *automatisch alle* Falschparker, und er protokolliert das Falschparken *ex post,* also nachdem die Handlung vorbei ist und die Ordnungswidrigkeit bereits begangen wurde.

Früher wurden solche Park-Protokolle vor Ort mit der Hand auf Papier geschrieben und erst später im Büro der Behörde in einen Computer übertragen, mit dessen Hilfe dann der Bußgeldbescheid an den Fahrzeughalter erstellt und verschickt wurde. Durch die Entwicklung von tragbaren Computern, die direkt mit dem Internet verbunden sind, kann dieser Vorgang heute automatisiert werden und das Falschparken direkt vor Ort in digitaler Form protokolliert werden.

Digitalisierung bedeutet die Umwandlung von analogen, also stufen- und übergangslos darstellbaren Signalen oder Werten, wie sie in der real-physikalischen Welt existieren, in diskrete, klar voneinander getrennte Signale oder Werte, die als Ziffern darstellbar sind und daher in Computern gespeichert und mit Programmen bearbeitet werden können. In Computern selbst funktioniert das Zusammenspiel von Software und Hardware so, dass der Quellcode eines Programms in schaltalgebraische Ausdrücke mit den beiden Ziffern „0"

---

[6] Ich verwende die Begriffe „Programm", „Anwendung" und „Applikation" als Synonyme.

und „1"[7] übersetzt wird, wobei „1" in der real-physikalischen Welt gleichbedeutend ist mit einem elektronischen Stromfluss zwischen zwei Leitungselementen der Hardware, und „0" bedeutet, dass kein Strom fließt.

Dass durch die Digitalisierung Informationen über die real-physikalische Welt nun zunehmend in Form von digitalen Daten existieren und – anders als analoge Daten – in einem Computer leicht auffindbar und verlustfrei kopierbar und wiederverwendbar sind, ist von zentraler Bedeutung für die Entstehung und Verbreitung von Wissen. Wissen ist kontextabhängig, und da digitale Daten nun durch Künstliche Intelligenz und Maschinelles Lernen immer wieder neu und anders miteinander vernetzt werden können und die daraus entstehenden Informationen in beliebigen Kontexten nutzbar sind, bedeutet Digitalisierung für *Wissen* nichts weniger als einen Paradigmenwechsel: sie begründet eine neue Art und Weise, über dieses Thema nachzudenken.

An dieser Stelle unseres Nachdenkens über *Wissen* sind wir vor allem an der Schnittstelle zwischen der real-physikalischen und der digital-virtuellen Welt interessiert. Wir fragen uns, wie menschliche Handlungen digitale Daten erzeugen können, obwohl viele dieser Handlungen in der realen Welt vergänglich sind, also vollkommen in der durch sie veränderten Wirklichkeit aufgehen und nur in Ausnahmefällen automatisch protokolliert werden.

Ein solcher Ausnahmefall ist die Nutzung von öffentlichen Überwachungskameras, die der Prävention und der Aufklärung von Straftaten dienen sollen.[8] Im Unterschied zum obigen Beispiel des Falschparkens werden hier *ex ante* viele Handlungen gesetzestreuer Bürger im öffentlichen Raum *automatisch* und ohne deren explizite Zustimmung protokolliert, weshalb öffentliche Videoüberwachung und der Umgang der Behörden mit den dadurch erzeugten Daten in einem Rechtsstaat strengen datenschutzrechtlichen Auflagen unterliegen.

Im privaten Bereich sollen die Bürger selbst entscheiden können, ob und in welchem Umfang eigene Handlungen durch Kameras und webfähige Geräte protokolliert werden und was mit den erzeugten Daten geschieht. Jedoch gibt es immer wieder Berichte darüber, dass die in Smartphones oder Smart Speaker wie Amazon Echo enthaltenen Sprachassistenten nicht nur, wie vom Hersteller beabsichtigt, dem Nutzer dabei helfen, das Ein- und Ausschalten von Lampen oder Heizung im eigenen Heim durch Sprachbefehle zu steuern, sondern auch

---

[7] „0" und „1" sind die beiden binären Zustände der Boolschen Algebra, siehe Boolesche Algebra – Wikipedia.

[8] Die Anzahl von Überwachungskameras auf öffentlichen Plätzen, Bahnhöfen und Flughäfen in Deutschland ist seit Ende des letzten Jahrhunderts stark angewachsen und wird derzeit auf 500.000 bis 1.000.0000 geschätzt. Siehe Die Geschichte der Videoüberwachung – Secure Insights (axis.com).

ohne Wissen und Zustimmung des Besitzers Gespräche aufzeichnen und sogar an andere versenden.[9]

Das eigene Smartphone protokolliert zudem automatisch immer den Aufenthaltsort und die räumlichen Bewegungen des Nutzers, sobald es per WLAN, Bluetooth oder Mobilfunk mit der Außenwelt verbunden ist. Selbst dann, wenn sich das Telefon im Flugmodus befindet, oder sogar vollständig ausgeschaltet ist, ist das Tracken des Geräts möglich, wenn vorher eine entsprechende Software installiert wurde, was durch Malware auch ohne Wissen des Nutzers geschehen kann.[10]

Auch unter Berücksichtigung der oben beschriebenen Ausnahmen besteht nun zwischen menschlichen Handlungen in der real-physikalischen Welt und der digital-virtuellen Welt ein wesentlicher Unterschied darin, *dass menschliche Handlungen in der durch digitale Medien erzeugten virtuellen Welt prinzipiell immer automatisch protokollierbar sind.*

Jedes Mal, wenn wir mit unserem Computer oder unserem Smartphone, oder auch in den Programmen, die auf unserem Computer oder unserem Smartphone installiert sind, irgendetwas tun, wird dieses Tun mit einem Zeitstempel versehen und in einem Verzeichnis der Applikation oder des technischen Mediums selbst gespeichert. Anders als in der realen Welt erzeugt in der virtuellen Welt also jede menschliche Handlung automatisch digitale Daten, die sich oft der Kontrolle des Nutzers entziehen und unendlich lange gespeichert werden können.

2.1.2 Fluch und Segen von Algorithmen

Es ist sinnvoll, neben den positiven auch mögliche negative Effekte digitaler Medien kritisch zu beleuchten. Im Rahmen der jeweiligen Applikation ermöglicht die automatische Protokollierung von Handlungen einzelner Nutzer den *Sozialen Netzwerken* die Entwicklung von Algorithmen (im Hintergrund ablaufende Programme), die eine *Personalisierung der Benutzeroberfläche* erlauben, also eine Anpassung der verfügbaren Funktionen und der angezeigten Informationen auf die persönlichen Bedürfnisse und Interessen der Nutzer.

---

[9] Siehe Amazon Echo: Alexa sendet Privatgespräch heimlich an Arbeitskollegen (netzpolitik.org).

[10] Wer absolut sicher sein möchte, dass sein Aufenthaltsort durch das Telefon nicht ermittelbar ist, muss den Akku aus seinem Telefon entfernen und dem Gerät damit die Stromquelle entziehen – was jedoch nicht immer möglich ist, da die meisten modernen Smartphones fest eingebaute Akkus haben. Siehe Kann man ein Handy orten, auch wenn es ausgeschaltet ist? – myEuro.info.

Mithilfe des durch Algorithmen gewonnenen Erfahrungswissens über das Verhalten ihrer Kunden sind die soziales Medien lernfähig (Maschinelles Lernen) und erzeugen individuelle Nutzer-Profile. Wir alle sind es gewohnt und empfinden es normalerweise als angenehm, wenn Amazon uns beim Besuch seiner Webseite zuerst solche Produkte anzeigt, die mit unseren letzten Einkäufen in Zusammenhang stehen, oder wenn Netflix uns bestimmte Filme vorschlägt, weil unsere frühere Auswahl auf eine Präferenz für das jeweilige Genre hindeutet.

Rechtlich problematisch sind solche automatischen Handlungsprotokolle in digitalen Applikationen dann, wenn sie ohne Wissen oder Zustimmung des Nutzers entstehen. So entschied der Europäische Gerichtshof im Oktober 2019, dass das Setzen und Abrufen sogenannter Cookies, also kleiner Textdateien, die beim Besuch einer Webseite im Browser des Nutzers gespeichert werden und eine Voraussetzung für die Personalisierung dieser Webseiten sind, eine aktive Einwilligung des Nutzers voraussetzen.

Neben datenschutzrechtlichen Problemen ergeben sich beim Einsatz von Web Analytics auch grundsätzliche gesellschaftspolitische Bedenken über die wachsende Macht großer Internetkonzerne. Denn Unternehmen wie Meta (das ehemalige Facebook, zu dem seit 2012 auch *Instagram* und seit 2014 auch *WhatsApp* gehören), *Google* und andere globale Internetdienste mit Hunderten Millionen von Anwendern setzen das mithilfe interner Analyse-Algorithmen erzeugte Wissen über die Präferenzen ihrer Nutzer dazu ein, sie mittels Werbeanzeigen zu einem bestimmten Kauf- oder Konsum-Verhalten zu animieren. Da die Algorithmen von außen nicht einsehbar und bewertbar sind, bleibt unklar, nach welchen Kriterien Nutzergruppen definiert und einzelne Personen diesen Gruppen zugeordnet werden.

Durch den massiven Einsatz von unternehmenseigenen Algorithmen über riesige Datenmengen hinweg kann sich die anfangs positiv erscheinende Personalisierung von Webseiten ins Negative verkehren. Die mir angebotenen Inhalte und Funktionen sind nun eben nicht mehr Ausdruck meiner *genuin eigenen Präferenzen,* die ich durch mein früheres Verhalten dokumentiert habe, sondern werden mehr und mehr zum Ausdruck *fremder* Präferenzen, nämlich der Präferenzen einer vom Webseitenbetreiber nach mir unbekannten Kriterien definierten Nutzer*gruppe.*

Damit bietet sich den Internetkonzernen prinzipiell die Möglichkeit zur Manipulation ihrer Nutzer und zur Erzeugung von künstlichen Bedürfnissen, die primär den eigenen kommerziellen Interessen dienen. *Die Applikation entwirft ein Bild von mir und animiert mich dann dazu, diesem Bild zu entsprechen.* Sie bildet also meine persönlichen Interessen (an Produkten, Nachrichten, Filmen, etc.)

nicht mehr nur passiv ab, sondern sie erzeugt *aktiv* bei mir genau die Interessen, die ich nach Ansicht der Künstlichen Intelligenz haben *sollte,* indem es mir ausschließlich die diesen Interessen entsprechenden Informationsangebote macht und mir andere Inhalte überhaupt nicht mehr anbietet.

Was zunächst als *Personalisierung,* als respektvoller Umgang mit den individuellen Eigenschaften von Menschen und damit insgesamt als Förderung von gesellschaftlicher Vielfalt und Diversität erscheint, entpuppt sich im Nachhinein als das genaue Gegenteil dessen: nämlich als *Klassifizierung* von Menschen, als *Entpersonalisierung* und als Beitrag zur *Normierung der Gesellschaft.*

Erschwerend kommt hinzu, dass negative Nachrichten sich sowohl in alten und als auch neuen Medien häufiger und schneller verbreiten als positive Nachrichten,[11] wobei die Gründe dafür in der menschlichen Psyche und auch in sozialen Strukturen zu liegen scheinen.[12] Die Betreiber sozialer Medien besitzen daher ein kommerzielles Interesse, das Nutzerverhalten auf ihren Seiten möglichst wenig zu regulieren und auch Hass- und sonstige negative Kommentare nicht zu löschen, was den Gesetzgeber im April 2021 zu einem neues Gesetz gegen Hass und Hetze veranlasst hat.[13]

Auch bei Kommunikations- und Mediennetzwerken erscheint es auf den ersten Blick positiv, dass räumlich weit voneinander entfernte und persönlich ganz unterschiedliche Menschen die Möglichkeit erhalten, virtuelle Interessengruppen zu bilden, sich untereinander auszutauschen und selbst-produzierte Fotos und Videos zu teilen. Es gibt jedoch Anzeichen dafür, dass sich diese Interessengruppen zunehmend von Andersdenkenden abschotten und radikal einseitige Wahrnehmungsmuster erzeugen, die zu einer Spaltung der Gesellschaft führen können.

Jede Gruppe, und jedes einzelne Gruppenmitglied, sieht die eigene Meinung durch die gleiche Meinung der vielen anderen Gruppenmitglieder bestätigt und setzt sich mit abweichenden Sichtweisen nicht mehr auseinander. Die jeweiligen Wissens-Kontexte erstarren und lassen keine Re-Kontextualisierung und keinen Austausch von Informationen mit der Außenwelt mehr zu.

---

[11] Siehe Aufmerksamer und erregter: Menschen reagieren stärker auf schlechte Nachrichten als auf gute (tagesspiegel.de); Study: On Twitter, false news travels faster than true stories | MIT News | Massachusetts Institute of Technology.

[12] Siehe Negativity bias – Wikipedia.

[13] Siehe BMJ | Artikel | Gesetzespaket gegen Hass und Hetze ist in Kraft getreten.

Für die Entwicklung demokratischer Gesellschaften und ihrer Werte kann also auch Künstliche Intelligenz und der Einsatz von Algorithmen zur Mustererkennung in Big Data und zur Vorhersage von Ereignissen oder von menschlichem Verhalten sowohl förderlich als auch hinderlich sein.

Auf der einen Seite hilft Künstliche Intelligenz, Fehler und Diskriminierungen durch individuelle menschliche Entscheider zu vermeiden. Ein Sachbearbeiter in einem Versicherungsunternehmen mag unabhängig von den Fakten die Schadensmeldungen von Versicherungsnehmern besser oder schlechter bewerten, weil er affektiv bestimmten Personen und Personengruppen positiv oder negativ gegenüber steht. Durch den Einsatz von Künstlicher Intelligenz können derartige subjektive Präferenzen eliminiert und regelwidrige Verhaltensweisen früher erkannt werden, weil das System einzelne Schadensfälle ausschließlich nach vordefinierten Kriterien bewertet und mittels des Vergleichs vieler Schadensfälle generelle Merkmale von Versicherungsbetrug erkennt.

Künstliche Intelligenz kann auch dazu beitragen, durch präventive Maßnahmen Schadensfälle generell zu reduzieren. Ein Beispiel dafür sind erhöhte Mietwagen-Gebühren für männliche Fahrer zwischen 18 und 21 Jahren, weil diese Fahrer statistisch gesehen häufiger in Schadensfälle verwickelt sind und mehr Kosten für die Mietwagenfirma erzeugen, die durch die erhöhten Gebühren kompensiert werden oder durch die Streichung des Angebots gar nicht erst anfallen können.

Auf der anderen Seite erhöht *Predictive Analytics* die Gefahr von sozialer Stigmatisierung und Diskriminierung, weil weder für die Öffentlichkeit insgesamt noch für die betroffenen Personen selbst klar ist, auf welchen Daten die Analysen beruhen und wie genau die jeweiligen Algorithmen funktionieren.[14] Über den Google Such-Algorithmus zum Beispiel ist zwar bekannt, dass er sowohl inhaltliche Aspekte einer Seite (sogenannte *On-Page-Faktoren* wie Metadaten, Seitenstruktur und die Frequenz von Schlüsselworten) als auch Verlinkungsaspekte (sogenannte *Off-Page-Faktoren* wie die Anzahl anderer Seiten, die auf diese Seite verweisen) für das Ranking der Ergebnisse berücksichtigt, aber die genaue Funktionsweise ist ein ebenso streng gehütetes Firmengeheimnis wie die Rezeptur von Coca-Cola.

---

[14] Der Vorwurf der Intransparenz trifft zum Teil leider auch auf das von mir so geschätzte und viel genutzte Wikipedia zu, obwohl sich Wikipedia im Unterschied zu kommerziellen Internetdiensten ausschließlich durch Spenden finanziert und keine Werbung erlaubt. Theoretisch können zwar alle Wikipedia Nutzer auch Autoren und Editoren werden; in der Praxis aber ist es für normale Nutzer fast unmöglich, selbst Einträge zu erstellen oder zu verändern, und es ist auch im Nachhinein nicht ersichtlich, wann, wie und warum bestimmte Einträge oder Änderungen von Algorithmen oder den mit Sonderrechten ausgestatteten Administratoren angenommen oder verworfen wurden.

Diskriminierung in digitalen Medien ist auch deshalb möglich, weil in der Tech-Branche fast ausschließlich junge weiße Männer beschäftigt sind.[15] Es ist angesichts der menschlichen Natur und der bei vielen Menschen vorhandenen Vorurteile sehr wahrscheinlich, dass diese Personengruppe als Entwickler (zumindest unbewusst und vielleicht auch entgegen ihrer persönlichen Absicht) in Bezug auf soziale Differenzierungskriterien wie Geschlecht, Alter, Ethnie, Religion, Bildung, Beruf und so weiter einseitige oder unvollständige Datenbestände berücksichtigt oder erzeugt und auf diese Weise ihre jeweilige Weltsicht, ihre persönlichen Präferenzen, Vorurteile und Irrtümer in die Algorithmen hineinprogrammiert.[16]

Statt eines einzelnen Menschen kann nun also ein gesamtes digitales System diskriminierende Entscheidungen treffen und anfängliche soziale Benachteiligungen verewigen. Dass *früher* männliche Mietwagenfahrer zwischen 18 und 21 Jahren häufiger als andere Fahrergruppen in Unfälle verwickelt waren, muss nicht notwendigerweise bedeuten, dass dies auch *heute* noch der Fall ist. Wenn es dieser Gruppe jedoch unmöglich gemacht wird, durch vorsichtigeres Fahren die empirische Datenbasis für den Algorithmus zu beeinflussen, weil sie nur noch sehr wenige oder gar keine Möglichkeiten mehr erhalten, überhaupt einen Wagen anzumieten, dann werden frühere Bewertungen endlos perpetuiert und das System verliert die Kompetenz, die aktuelle Wirklichkeit adäquat zu repräsentieren.

Andere Beispiele für eine mögliche Diskriminierung bestimmter Gesellschaftsgruppen durch den Einsatz von Künstlicher Intelligenz sind Entscheidungen bei der Personal- und Mieterauswahl, bei der Ermittlung von Kreditwürdigkeit und der Berechnung von Kriminalitätsrisiken.

2.1.3 Die Notwendigkeit offener Systeme

Bei der Manipulation von Nutzerverhalten im Web und der Diskriminierung bestimmter Personengruppen durch Algorithmen sowie bei der Segregation der Gesellschaft in Sozialen Medien zeigt sich ein generelles Problem von digitalen Applikationen in der virtuellen Welt: *sie sind geschlossene Systeme.*

---

[15] Siehe Diversität in der Tech-Branche: Vom Algorithmus vergessen – DER SPIEGEL.

[16] Siehe Chapter cover | Artificial Intelligence: Designing a Legal Platform to Prevent and Resolve Legal Problems | SpringerLink.

Nun ist die Abgrenzung von außen der Definitionskern des Begriffs „System"[17] selbst. Ein System kann nie vollkommen *offen* sein, weil es dann aufhören würde, zu existieren. Außerdem sind einzelne Soziale Medien trotz ihrer intransparenten Funktionsweise und ihrer Abschottung gegenüber anderen Sozialen Medien natürlich prinzipiell *offen für neue Nutzer,* weil mehr Nutzer mehr Werbeeinnahmen bedeuten. Jede Person mit einem Internetanschluss kann jederzeit und überall auf der Welt kostenlos ein Facebook-Konto eröffnen und durch ihr Verhalten in der Applikation den Datenbestand und die darauf trainierten Algorithmen beeinflussen.

Dennoch besteht, wie bei allen geschlossenen Systemen, auch in der virtuellen Welt des Internets die Gefahr von sich selbst verstärkenden Input–Output-Schleifen (Rückkopplungen oder Feedbackloops), die zu dysfunktionalen und selbst-zerstörerischen Effekten führen können.

In der real-physikalischen Welt der Mechanik zum Beispiel können periodisch wiederkehrende Schwingungsanregungen zu Resonanzkatastrophen führen, etwa zum Bersten eines Lautsprechers, der mit einem in der Nähe stehenden Mikrophon verbunden ist, oder zum Einsturz einer Brücke, über die eine Gruppe von Soldaten im Gleichschritt marschiert. In der digital-virtuellen Welt der Informations-Technologie können Algorithmen zu Echokammern und Filterblasen, Falschmeldungen und Hasskommentaren führen.

Um solchen Fehlentwicklungen entgegenzuwirken, gibt es in Politik und Medien immer wieder Forderungen danach, dass Facebook und andere soziale Internetdienste ihre Algorithmen offenlegen sollten. In den USA gehen die Forderungen sogar so weit, die Internetgiganten wegen ihrer angeblich marktbeherrschenden und wettbewerbsverzerrenden Stellung zu zerschlagen, ähnlich wie es das amerikanische Justizministerium 1974 in einem Kartellverfahren mit dem Telekommunikationsunternehmen AT&T getan hat.

Aus gesellschaftspolitischer Sicht sind solche Forderungen aus den oben geschilderten Gründen nachvollziehbar. Ökonomisch gesehen könnte ein gesetzlicher Zwang zur Offenlegung der Firmengeheimnisse von Internetunternehmen jedoch deren kommerziellen Ruin bedeuten, weil Nachahmer dann ohne Risiko und Entwicklungskosten erfolgreiche Serviceangebote kopieren und Nutzer abwerben würden.[18]

---

[17] Ich verstehe unter einem „System" ein aus unterschiedlichen Komponenten bestehendes Ganzes, das sich von außen, seiner jeweiligen ‚Umwelt', abgrenzt; siehe System – Wikipedia.

[18] Das gleiche ökonomische Problem besteht in der Pharmabranche in Bezug auf die politische Forderung, die Patente für erfolgreiche und gesellschaftlich besonders wichtige Medikamente wie dem COVID-19 Impfstoff aufzuheben.

Außerdem können Internetfirmen sich meiner Meinung nach zurecht darauf berufen, dass sie private Unternehmen sind, die niemanden zwingen, auf ihren Plattformen aktiv zu sein. Wer Google und Facebook nicht nutzen möchte, muss das nicht tun; wer allerdings diese Dienste freiwillig nutzen möchte, muss auch die von den jeweiligen Unternehmen ausgewiesenen Geschäftsbedingungen und die Nutzung seiner Daten zu Werbezwecken akzeptieren.

Die Einwilligung eines Nutzers, die durch sein automatisch protokolliertes Verhalten in einer Applikation erzeugten Daten zu Analysezwecken freizugeben, bedeutet natürlich nicht, dass Internetunternehmen nationale Datenschutzgesetze brechen und Nutzerdaten ohne ausdrückliche Zustimmung an andere Unternehmen weitergeben dürfen, wie es gerade bei Facebook in der Vergangenheit leider immer wieder vorkam.

Private Firmen müssen aber, anders als staatliche Institutionen, nach außen nicht vollkommen transparent sein und sich nicht demokratisch legitimieren, weil ihre Existenz und ihr Überleben primär durch den Markt geregelt wird. Der Staat hingegen, der Menschen qua Geburt automatisch zu Bürgern macht und sie generell zur Einhaltung seiner Gesetze und zum Zahlen von Steuern *zwingt,* und diesen Zwang durch seine Exekutivorgane und sein Gewaltmonopol auch durchsetzen kann, *muss* seine parlamentarische Gesetzgebung transparent gestalten und sich durch regelmäßige freie und offene Wahlen auch die explizite Zustimmung der Bürger zu seinen Maßnahmen abholen.

2.1.4   Interoperabilität und Datenhoheit als Grundwerte

Sinnvoller und zielführender als ein gesetzlicher Zwang zur Offenlegung von Firmengeheimnissen erscheint es mir, *mithilfe von staatlicher Förderung technische Standards für die Interoperabilität von Applikationen und die Austauschbarkeit von Daten zu entwickeln,* die es den Nutzern ermöglichen, die Hoheit über ihre Daten zu behalten und sie applikationsübergreifend zu verwenden.

Diese Interoperabilität ist zurzeit bei Sozialen Medien nicht gegeben, weil Datenoffenheit über verschiedene Anwendungen und Plattformen hinweg den kommerziellen Interessen der jeweiligen Betreiber widerspricht. Proprietäre Datenformate und Protokolle führen dazu, dass Facebook-User nur mit Facebook-Usern und Snapchat-User nur mit Snapchat-Usern direkt kommunizieren können. Auf diese Weise versuchen die Unternehmen, ihre Nutzer möglichst lange ausschließlich auf ihren Seiten zu behalten und durch mehr und länger angesehene Werbeanzeigen mehr Geld zu verdienen. Das bedeutet auch, dass die Künstliche Intelligenz jeder Applikation nur innerhalb ihres eigenen Datenraums lernen kann und wie AlphaGo Zero immer auf sich selbst und auf die jeweils vorgegebenen Regeln fixiert bleibt.

Wenn jedoch Daten und Dienste in einem transparenten digitalen Ökosystem unter strengen europäischen Datenschutz-Regeln, die den Nutzern die Hoheit über ihre Daten garantieren, durch standardisierte Protokolle vernetzt und geteilt werden könnten, dann würden durch Kollaboration und Coopetition (also die partielle Zusammenarbeit ansonsten konkurrierender Unternehmen) verschiedener Anbieter nicht nur neue innovative Services entstehen, sondern auch eine leistungsfähigere Künstliche Intelligenz, die über einen größeren Datenbestand *lernen* kann.

Amerikanische Unternehmen wie Facebook und Snapchat würden durch die Existenz eines offenen europäischen Datenraums weder gezwungen, ihre proprietären Algorithmen offenzulegen, noch die standardisierten Datenformate und Protokolle zu übernehmen. Es würde aber ein *ökonomischer Anreiz* für Transparenz und Datenaustausch geschaffen, weil in Zukunft wahrscheinlich viele Nutzer solche Applikationen bevorzugen werden, die Interoperabilität mit Applikationen anderer Anbieter ermöglichen und ihnen die Hoheit über ihre Daten zurückgeben.

Offene und interoperative Datenräume durch standardisierte Protokolle auf der Anbieter-Seite und Datenhoheit und Datenschutz auf der Nutzer-Seite ergänzen einander. Beides zusammen stellt sicher, dass Daten zunehmend vernetzt und neue Informationen und neues Wissen für die Gesellschaft erzeugt werden können, ohne dabei die Privatsphäre und die Interessen einzelner Personen zu verletzen.

2.2 Digitale Daten beinhalten rechtliche und wirtschaftliche Chancen und Risiken

Daten werden dann zu *Wissen,* wenn sie in einen bestimmten Handlungskontext gestellt, dort mit anderen Daten und Informationen vernetzt und zum Erreichen von Zielen genutzt werden. *Recht* und *Wirtschaft* sind zwei solcher Kontexte, in denen mittels eines bestimmten Interesses aus Daten handlungsrelevantes Wissen erzeugt wird.

Im Folgenden möchte ich die Chancen und Risiken der Digitalisierung in beiden Kontexten beleuchten, wobei ich „Chance" und „Risiko" als komplementäre Begriffe und als zwei Seiten einer Medaille ansehe: Was aus einer rechtlichen Perspektive ein *Risiko* darstellt, kann aus wirtschaftlicher Perspektive als *Chance* erscheinen, und umgekehrt.

Die Übernahme einer Firma durch einen Konkurrenten mag wirtschaftlich profitabel sein, aber kartellrechtlicher Bedenken aufwerfen; ein neuer Flugplatz ist vielleicht verkehrstechnisch sinnvoll und könnte den Import und Export von Waren erleichtern, verstößt aber gegen das Umweltrecht. Umgekehrt kann die Einstellung eines Datenschutzbeauftragten in einem Unternehmen garantieren, dass die Bestimmungen der Datenschutz-Grundverordnung eingehalten werden; gleichzeitig reduzieren die höheren Personalkosten aber auch die Gewinnaussichten des Unternehmens.

Da Anwaltskanzleien und interne Rechtsabteilungen großer Unternehmen, für die dieses Buch primär geschrieben ist, als Teilnehmer des Rechtsmarkts in beiden Kontexten gleichzeitig agieren müssen, bedeutet Digitalisierung auch für *jeden einzelnen Akteur* beides zugleich: Chance *und* Risiko.

So bieten neue Gesetze und Rechtsprechungen im Bereich *Digitalisierung* die Chance, sich dieses neue materielle Rechts-Wissen anzueignen und Kunden Beratungsleistungen zu Datenschutz, Urheberrecht und ähnlichem anzubieten.[19] Gleichzeitig steigt das Risiko, dass vorhandenes Rechts-Wissen weniger Einnahmen als früher generiert, weil nicht-digitale Geschäftspraktiken generell an Bedeutung verlieren.

Auf jeden Fall bleibt die juristische Kernkompetenz, nämlich *die Subsumption eines konkreten und realen Sachverhalts (Fall) unter eine abstrakte und ideelle Norm (Gesetz),* gesellschaftlich weiterhin relevant und kann aus den bereits geschilderten Gründen auf absehbare Zeit nicht durch Maschinen ersetzt werden. Ich spreche hier ausdrücklich von *Kompetenzen,* mittels derer Wissen erzeugt wird, und nicht von *Wissen* selbst.

Im vorherigen Unterkapitel *„Menschliche Handlungen erzeugen digitale Daten"* habe ich bereits wesentliche rechtliche und ökonomische Aspekte der Datenerzeugung und Datennutzung besprochen und werden die unternehmerische Gestaltung des *Rechtsmarkts* im nächsten Unterkapitel *„Rechtliche und ökonomische Chancen und Risiken inspirieren unternehmerische Ziele"* betrachten.

An dieser Stelle untersuche ich die beiden Handlungskontexte *Recht* und *Wirtschaft* getrennt voneinander. Ich analysiere zunächst, wie Wissen und Lernen zur Veränderung von Rechtsnormen führen können, bevor ich mich der Frage zuwende, welche ökonomischen Chancen und Risiken entstehen, wenn durch digitale Daten Wissen erzeugt wird.

---

[19] Siehe Data Protection 4.0 for Industry 4.0 | SpringerLink.

2.2.1 Wissen und die systemischen Gerechtigkeitslücken des Rechts

Von außen betrachtet mögen uns menschliche Handlungen willkürlich und unge-
regelt erscheinen, weil wir als Betrachter die Gründe für jede einzelne Handlung
und die von den handelnden Personen verfolgten Ziele nicht kennen.

Wir sind in unseren Handlungen aber nie vollkommen frei, sondern müssen zu
jedem Zeitpunkt eine Vielzahl von staatlichen Regeln beachten, die Erlaubtes von
Nicht-Erlaubtem trennen. In der Normenhierarchie werden diese Rechtsnormen in
einem Über- und Unterordnungsverhältnis beschrieben. Für alle Staaten innerhalb
der Europäischen Union steht dabei an oberster Stelle das Europarecht, dem in der
Bundesrepublik Deutschland das Grundgesetz und die Bundesgesetze folgen, zu
denen formelle Gesetze und Rechtsverordnungen gehören. Nach den Bundesrecht
folgt das Recht der einzelnen Bundesländer, und so weiter.

Neben den für alle Menschen, die sich in einem bestimmten Rechtsgebiet
(Jurisdiktion) aufhalten, gleichermaßen verbindlichen *harten* Rechtsnormen gibt
es zudem eine Vielzahl von *weichen* Normen, die in der Kultur eines bestimmten Gebietes verankert sind: *Dinge, die man hier nicht tut,* die also nicht gegen
das Gesetz verstoßen, aber doch soziale Nachteile nach sich ziehen können und
dadurch unser Handeln ebenfalls beeinflussen. So steht es gesetzlich jedem frei,
andere immerfort zu korrigieren oder sich selbst ständig zu loben, aber besser-
wisserische und arrogante Personen müssen damit leben, dass kein Kollege gerne
mit ihnen in der Kantine zu Mittag isst und sie nie zu einer Party eingeladen
werden.

Zu den Kulturnormen gehören zum Beispiel *Anstand, Moral, Sitte, gutes
Benehmen und guter Geschmack.*[20] Staatliche Rechtsnormen sind ebenso wie

---

[20] Der *gute Geschmack* ist eine besondere Norm, weil er in den Bereich der Kunst führt, die
durch ihre Befreiung von praktischen Zwecken und ihre soziale Funktion des Überschreitens,
der Innovation und des Tabubruchs immer auch einen besonderen rechtlichen Status genießt.
Versuche, ästhetische Geschmacksfragen allgemeingültig zu klären, führen zu widersprüch-
lichen Ergebnissen. So existieren im Volksmund sowohl der Spruch „Über Geschmack lässt
sich streiten" als auch der gegenteilige Spruch „Über Geschmack lässt sich *nicht* streiten".
Unter der Annahme, dass *Streit* (siehe Streit – Wikipedia) ohne äußere Schlichtung zu keiner Lösung führt, liegt beiden Aussagen offensichtlich ein unterschiedliches Verständnis von
Ästhetik zugrunde. Im ersten Spruch werden ästhetische Urteile als subjektiv wahrgenom-
men (jeder hat seinen eigenen guten Geschmack), im zweiten Spruch jedoch als objektiv
verstanden: es gibt nur *einen* guten Geschmack. Siehe Geschmack (Kultur) – Wikipedia.

kulturelle und soziale Normen *ortsgebunden,* in unserer Terminologie: *kontext-abhängig.*[21]

Die Globalisierung hat diese früher klar voneinander abgegrenzten Kontexte fluider werden lassen und damit zur Entstehung der nationalistischen Gegenbewe-gungen beigetragen, die wir zurzeit auf der ganzen Welt und insbesondere auch in Europa beobachten können. Während die soziale und kulturelle Elite eines Lan-des (*Anywheres,* die „*Irgendwos*") die nötige Bildung und die finanziellen Mittel besitzt, um zu reisen und sich durch die globale Präsenz von Unternehmen wie *Uber, Airbnb* und *Starbucks* auf der ganzen Welt zu Hause zu fühlen, sehen die weniger gebildeten und sozial schwächeren Bevölkerungsschichten (*Somewheres,* die „*Daheimgebliebenen*") ihre Heimat und ihre lokale Lebensweise von Tou-risten, Einwanderern und Flüchtlingen bedroht und wählen rechtspopulistische Politiker, die ihnen eine Rückkehr zur guten alten Zeit versprechen.[22]

Historisch betrachtet sind harte (Rechts-)Normen nichts anderes als geronnene weiche (Kultur-)Normen: sie spiegeln zu jedem Zeitpunkt[23] den gesellschaft-lichen Konsens darüber wider, welche Aspekte des Zusammenlebens und des Umgangs miteinander für alle verbindlich durch Gesetze geregelt werden müssen, weil kulturelle Normen allein nicht ausreichen.

Die Executive hinkt dabei dem sozialen Wandel hinterher und wird in der Bundesrepublik Deutschland oft durch die Judikative, letztlich das Bundesver-fassungsgericht, gezwungen, veraltete Gesetze abzuschaffen, bestehende Gesetze zu ändern, oder neue Gesetze zu erlassen. Ein jüngeres Beispiel für diese poli-tische (und daher hinsichtlich der Gewaltentrennung sicherlich auch problemati-sche) Funktion des Bundesverfassungsgericht ist das Recht auf selbstbestimmtes Sterben.

Es gibt natürlich auch eine Reihe von historischen Beispielen für die große zeitliche Latenz zwischen innovativer sozialer Praxis und Ethik einerseits und der Gesetzgebung andererseits. So dauerte es in Deutschland fast einhundert Jahre, von 1872 bis 1969, bis die Homosexualität unter Männern entkrimina-lisiert wurde. Die US-Gesetzgeber brauchten bis 1920, um Frauen das Wahlrecht zu gewähren, und die *United Nations Organization* (UNO) benötigte bis 1989,

---

[21] Siehe das Verständnis des deutschen Staatsrechtlers Carl Schmitt von *Nomos* als einer *Raumordnung,* einer Einheit von „Ortung und Ordnung" (Nomos (Carl Schmitt) – Wikipe-dia; siehe auch Carl Schmitt – Wikipedia).

[22] Siehe Somewheres & Anywheres (zukunftsinstitut.de).

[23] Dass kulturelle Normen sich über die Zeit verändern, mag ein von Martin Luther überlie-ferter Ausspruch zu seinen Gästen bezeugen: „*Warum furzet und rülpset ihr nicht? Hat es euch nicht geschmecket?*" Siehe Warum furzet und rülpset ihr nicht? Hat es euch nicht... (gutezitate.com).

um die Konvention über die Rechte des Kindes zu definieren, die inzwischen von den meisten, aber nicht allen Ländern der Welt ratifiziert wurde.

Als Gesetze werden kulturelle Normen in der sozialen Praxis funktionsfähig, weil (relativ) klar beschrieben ist, was erlaubt ist und was nicht, und auch was passiert, wenn die Norm nicht befolgt wird. Trotzdem existiert auch bei Gesetzen ein großer Interpretationsspielraum über ihre allgemeine Bedeutung und ihre Anwendbarkeit auf einen spezifischen Fall. Wenn alle Bürger immer genau das gleiche Verständnis von Gesetzen hätten, gäbe es keine zivilrechtlichen Klagen, bei denen sich beide Seiten im recht fühlen.

Wie genau vollzieht sich nun der Wandel von weichen zu harten Normen? Vor allem durch das Ideal der *Gerechtigkeit*[24] und durch *empirisches Wissen und Lernen.*

Gerechtigkeit ist ein gedankliches Ideal, an dem das materielle Recht sich zwar orientiert, das aber nie erreicht werden kann, weil es nicht inhaltlich definiert ist. Selbst zwischen Individuen und kleinen Personengruppen, und erst recht zwischen Ländern, Ethnien und Religionsgruppen herrschen zum gleichen Zeitpunkt zum Teil sehr unterschiedliche Vorstellungen davon, was „gerecht" ist. Gerechtigkeit trägt als Utopie den Anspruch der Verwirklichung zwar in sich, kann aber selbst doch nie zur Wirklichkeit werden, weil sie sonst ihre Leitfunktion für das materielle Recht verlieren würde.

Es gibt daher in jedem Rechtssystem Gerechtigkeitslücken, weil prinzipiell immer der Standpunkt vertreten werden kann, dass manches, was rechtlich aktuell erlaubt ist, ungerecht ist und nicht erlaubt sein *sollte,* und anderes, was rechtlich aktuell *nicht* erlaubt ist, aus Gerechtigkeitsgründen *doch* erlaubt sein sollte (Graphik 2).

Dem Unterschied zwischen Recht und Gerechtigkeit entspricht der zwischen *Legalität* und *Legitimität.* Das materielle Recht kann eine Handlung zwar als legal kennzeichnen, aber das Recht allein kann keiner Handlung Legitimität verleihen, weil damit ein ethischer Anspruch auf Gerechtigkeit verbunden ist, der jenseits des Rechts selbst liegt.

Vergangenheit und Gegenwart sind voller Beispiele die für gesellschaftspolitische Relevanz des Unterschieds zwischen Legalität und Legitimität. Während der Herrschaft der Nationalsozialisten in Deutschland zwischen 1933 und 1945 war es *legal,* jüdische Bürger zu enteignen und zu diskriminieren, aber es wurde schon damals von den Betroffenen und von anderen Ländern, und erst recht aus heutiger Sicht, als *nicht legitim* angesehen. Das gleiche gilt für autoritäre Regime

---

[24] Wir verstehen Gerechtigkeit als persönliche Tugend und als gesellschaftliches Ideal; siehe Gerechtigkeit – Wikipedia.

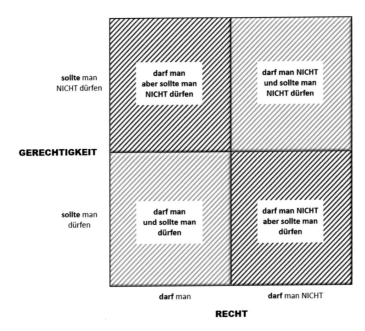

Graphik 2 Systemische Gerechtigkeitslücken des Rechts (in rot)

der Gegenwart, in denen Gesetze auf illegitime Weise die Freiheit von Menschen einschränken und ihre Würde verletzen.

Anders als das Recht ist Gerechtigkeit daher keine Aufgabe des Staates, sondern der Gesellschaft und jedes einzelnen Gesellschaftsmitglieds. Wir müssen als Individuen und Bürger selbst entscheiden, ob wir ein Gesetz, das die Freiheit und die Rechte von mündigen und gesunden Menschen beschränkt, ohne dadurch die Freiheit und die Rechte anderer Menschen zu schützen, befolgen oder nicht. In Deutschland gehören zu diesen Gesetzen aktuell zum Beispiel das Verbot des Konsums von Marihuana oder eben das bereits erwähnte Verbot der kommerziellen Sterbehilfe.

Aus der persönlichen Meinung, ein Gesetz sei illegitim, lässt sich zwar nicht das Recht ableiten, ohne Strafe dieses Gesetz brechen zu dürfen; es lässt sich jedoch durchaus die Haltung aktiv vertreten und öffentlich bekunden, ein solcher Gesetzesbruch sei legitim. Es gibt in der Geschichte viele Beispiele von Menschen, deren Glaube an die Legitimität ihrer illegalen Handlung groß genug war, um staatliche Strafen in Form von Inhaftierungen oder sogar Hinrichtungen auf sich zu nehmen – von Jesus Christus über Galileo Galilei bis hin zu Mahatma Ghandi und Alexei Nawalny. Und in bestimmten Fällen mag ein Gesetzesbruch nicht nur legitim, sondern ethisch sogar geboten sein, zum Beispiel in totalitären Staaten wie Deutschland zur Zeit des Nationalsozialismus oder der Deutschen Demokratischen Republik.

Neben dem Ideal der Gerechtigkeit treiben das empirisches Wissen und das Lernen einer Gesellschaft die Veränderung von Rechtsnormen voran.

Für die moralischen Entwicklung und das Lernen von *Individuen* hat der US-amerikanische Psychologe Lawrence Kohlberg drei Stufen beschrieben: eine präkonventionelle, eine konventionelle, und eine postkonventionelle Entwicklungsstufe. Die präkonventionelle Stufe von Kindern ist durch ein egozentrisches Weltbild geprägt. Sie streben nach größtmöglicher persönlicher Lust und richten ihr Handeln danach aus, ob sie von ihren Eltern dafür belohnt oder bestraft werden. Auf der konventionellen Stufe von Jugendlichen und vielen Erwachsenen etabliert sich ein soziozentrisches Weltbild. Sie orientieren sich in ihrem Handeln an den jeweils herrschenden Gesetzen, die unhinterfragt befolgt werden. Auf der postkonventionellen Stufe schließlich stellen reife Erwachsene und ältere Menschen bestehende Gesetze wie oben beschrieben infrage und begründen ihr Handeln durch universalistische Vernunft-Prinzipien.

Ein Beispiel für ein solches universalistisches Vernunft-Prinzip ist der Kategorische Imperativ des deutschen Philosophen der Aufklärung, Immanuel Kant: *„Handle nur nach derjenigen Maxime, durch die du zugleich wollen kannst, dass sie ein allgemeines Gesetz werde."*

Nach diesem Prinzip dürfte ich zum Beispiel nicht lügen, denn falls Lügen ein allgemeines Gesetz und also erlaubt wären, könnte ich nicht sicher sein, dass andere mir die Wahrheit sagen, und die Kommunikation unter Menschen würde zusammenbrechen. Denn ein kommunikativer Akt setzt implizit immer zumindest den *Anspruch* auf *Wahrheit* (in Bezug auf die Beschreibung der äußeren, objektiven Wirklichkeit), *Wahrhaftigkeit* (in Bezug auf die Beschreibung der inneren, subjektiven Wirklichkeit, also meiner eigenen Gedanken und Gefühle) und *Richtigkeit* (in Bezug auf die Beschreibung sozialer Normen) voraus. Falls Lügen ein allgemeines Gesetz wäre, würde mein Lügen dazu führen, dass ich in Zukunft nicht mehr lügen *könnte,* und mein Handeln würde sich so selbst aufheben und in einem *performativen Widerspruch* ad absurdum führen.

Bei der Befolgung universalistischer Vernunft-Prinzipien auf der postkonventionellen moralischen Entwicklungsstufe ist persönliche Identität nicht mehr statisch und primär durch die Zugehörigkeit zu einer bestimmten Gruppe (Familie, Beruf, Nation, etc.) geprägt, sondern muss jeden Tag immer wieder aktiv erzeugt werden, indem neue Erfahrungen im Kontext der jeweiligen Lebenswelt in die eigene Geschichte integriert werden.

Der deutsche Philosoph und Sozialwissenschaftler Jürgen Habermas hat die Erkenntnisse der auf einzelne Personen (Ontogenese) ausgerichteten Entwicklungspsychologie auf Gesellschaften (Soziogenese) übertragen und die These vertreten, dass es auch bei ganzen Gesellschaften diese drei Phasen der präkonventionellen, konventionellen, und postkonventionellen Rechts- und Moral-Entwicklung gibt.

Demokratische Gesellschaften wie die Bundesrepublik Deutschland befinden sich auf der post-konventionellen Entwicklungsstufe und müssen daher ihre eigenen Gesetze immer wieder anhand universalistischer Prinzipien wie das der Menschenrechte infrage stellen. So steht in Artikel 1 des Grundgesetzes: *„Die Würde des Menschen ist unantastbar. Sie zu achten und zu schützen ist Verpflichtung aller staatlichen Gewalt."*[25] *Worin genau* aber die Würde des Menschen besteht, und ob sie durch die bestehende Gesetzgebung *tatsächlich* optimal geschützt wird, muss immer wieder neu diskutiert und verhandelt werden.

Artikel in Printmedien, Talkshows in Radio und Fernsehen, und Kommentare auf Webseiten und Internetforen sind Teil solcher sozialer Diskussionen. Zusätzlich kann durch repräsentative persönliche, telefonische oder briefliche Befragungen ein aktuelles Stimmungsbild über die Position der Bevölkerung zu bestimmten Themen eingeholt werden, das dann wiederum über die Medien verbreitet wird und jeden einzelnen Bürger darüber informiert, was die Gesamtheit (angeblich oder zumindest „statistisch") denkt.

Manche Beobachter sehen im starken Wachstum insbesondere von digitalen Online-Umfragen ein wichtiges Element zur stärkeren Beteiligung von Bürgern an politischen Entscheidungen und zur Vermeidung der Nachteile repräsentativer Demokratien (Volksferne, Korruption, Lobbyismus); andere hingegen befürchten durch die Zunahme von leicht durchführbaren ad-hoc Umfragen zu isolierten Themen eine Stärkung des Populismus, da ideologisch motivierte und daher vermeintlich einfache Lösungen von Problemen (zum Beispiel durch *Sündenböcke*) den Bürgern leichter zu vermitteln seien als strategische Programme, die komplexe politische Fragen nur über einen längeren Zeitraum zu adressieren vermöchten und in der Zwischenzeit wenig positive Ergebnisse vorzuweisen hätten.[26]

---

[25] Siehe Artikel 1 des Grundgesetzes für die Bundesrepublik Deutschland – Wikipedia.

[26] Der Vorwurf, sich vor allem von Meinungsumfragen treiben zu lassen, anstatt langfristig gestalterische Politik zu betreiben, wird auch gegenüber seriösen Politikern wie Angela Merkel erhoben; siehe „Merkel lässt sich von Umfragen die Politik diktieren"– Politik – SZ.de (sueddeutsche.de).

Auf jeden Fall können soziale Diskussionen über den Umweg der Gerichte auch Politik beeinflussen, wie bei der oben erwähnten Aufhebung des Verbots der gewerblichen Sterbehilfe durch das Bundesverfassungsgericht. Die deutsche Gesellschaft hat offenbar „gelernt", dass es nicht die Aufgabe des Staates ist, seinen Bürgern vorzuschreiben, wann und wie sie aus dem Leben scheiden dürfen. Diese Einsicht basiert auf dem medizinischen Wissen, dass Krankheiten wie Krebs zumindest im Moment noch unheilbar und für die Kranken mit starken Schmerzen verbunden sind. Umgekehrt wird die gewerbliche Sterbehilfe zu neuem Wissen darüber führen, wie Menschen auf möglichst einfache, schnelle und schmerzfreie Weise ihr Leben selbst beenden können.

Dennoch bleibt auch nach dem Urteil des Bundesverfassungsgerichts der prinzipielle Einwand von Kritikern der gewerblichen Sterbehilfe bestehen, dass nun auch nicht-todkranke Menschen durch ihre Angehörigen oder andere Personen in ihrem Umfeld wegen finanzieller oder sonstiger Interessen dazu gedrängt werden könnten, freiwillig aus dem Leben zu scheiden. Es ist nicht auszuschließen, dass diese Befürchtung sich im Laufe der Jahre durch die Auswertung empirischer Daten über die Nutzung des Angebots bestätigen und gesetzliche Regelungen zur Sterbehilfe erneut geändert werden könnten.

Ein Beispiel für das *Zusammenspiel von Gerechtigkeitsideal* und *empirischem Wissen und Lernen* für die Änderung von Rechtsnormen ist der Klimawandel. Auch hier hat wiederum das Bundesverfassungsgericht auf das Wissen über die von Menschen durch vermehrten CO_2 Ausstoß verursachte Erderwärmung sowie auf das veränderte ethische Empfinden in der Bevölkerung in Bezug auf *Nachhaltigkeit* schneller und umfassender reagiert als die Politik. Mit Beschluss vom 24. März 2021 wurde die Regierung aufgefordert, im Klimaschutzgesetz auch für die Zeit nach 2030 detaillierte Reglungen zu treffen, um für Generationengerechtigkeit zu sorgen.

Generationengerechtigkeit durch besseren Klimaschutz bringt für Angestellte in der Braunkohle-Industrie sowie der Automobil- und anderer Branchen, die einen hohen Ausstoß an Schadstoffen produzieren, aber die Gefahr von Jobverlusten mit sich. Vor dem Hintergrund, dass diese Menschen und die sie beschäftigenden Unternehmen in der Vergangenheit eben jenen Wohlstand mit generiert haben, mit dem die jüngere Generation aufgewachsen ist und der es den Mitgliedern der *Fridays for Future* Bewegung überhaupt erst ermöglicht hat, zur Schule gehen zu *können* und dann einen Schultag pro Woche für Klimaschutz-Proteste zu nutzen, mag manchen Betrachtern auch diese Entwicklung wiederum als „ungerecht" erscheinen.

Ich fasse zusammen, dass Wissen auf der einen Seite die Chance zur Schließung von Gerechtigkeitslücken bietet, und auf der anderen Seite das Risiko beinhaltet, dass neue Gerechtigkeitslücken entstehen.

2.2.2   Der ökonomische Skaleneffekt von Wissenserzeugung und Wissensnutzung

Mit der Wirtschaft betrachten wir nun den zweiten Handlungskontext, der zusammen mit dem Recht den *Rechtsmarkt* konstituiert.

Die Wirtschaft beschäftigt sich mit der Frage, wie vorhandene Ressourcen am besten zur Befriedigung menschlicher Bedürfnisse eingesetzt werden können. Eine Grundvoraussetzung für die Sinnhaftigkeit von Ökonomie ist dabei die *Knappheit* dieser Ressourcen – in einem Land, *wo Milch und Honig fließen*, gäbe es keine Ökonomie.

Ich habe bereits darauf hingewiesen, dass Wissen als Produktionsfaktor, im Unterschied zu anderen Produktionsfaktoren wie Rohstoffe, Werkzeuge und Arbeit[27], die Eigenschaft besitzt, sich durch seine Verwendung nicht zu verringern, sondern zu vermehren. In dieser Eigenschaft ähnelt Wissen dem *ökonomischen Kapital*[28], das durch Investitionen Renditen abwerfen und sich also ebenfalls durch Gebrauch vermehren kann.[29]

Die Ähnlichkeit von ökonomischem Kapital und Wissen hinsichtlich ihrer (bei Kapital: *potenziellen*) Vermehrung durch Gebrauch hat in vielen Unternehmen zur

---

[27] Als Produktionsfaktor verringert sich *Arbeit* durch ihren Gebrauch deshalb, weil sie von Menschen geleistet wird, deren Leistungsfähigkeit ebenso wie die ihnen zur Renegation zur Verfügung stehende Zeit beschränkt ist; siehe Arbeit (Betriebswirtschaftslehre) – Wikipedia.

[28] Zu *Ökonomischem Kapital* gehören nach dem französischen Soziologen und Philosoph *Pierre Bourdieu* außer Geld auch Waren, Firmen, Aktien, Schmuck, Kunstwerke, etc. Neben Ökonomischem Kapital nennt Bourdieu noch zwei andere Kapitalsorten, nämlich *Kulturelles Kapital* (durch Bildung) und *Soziales Kapital,* das aus der Zugehörigkeit zu einer bestimmten Gruppe entsteht und den sozialen Eliten Macht verleiht; siehe Pierre Bourdieu – Wikipedia, Ökonomisches Kapital – Wikipedia, Soziales Kapital – Wikipedia, Kulturelles Kapital – Wikipedia, Soziales Kapital – Wikipedia.

[29] Ökonomisches Kapital kann von staatlichen Notenbanken auch einfach durch Bilanzerhöhungen und den Verkauf entsprechender Staatsanleihen, oder, wie der Volksmund es ausdrückt: durch *Geld drucken* und *Schulden machen,* vermehrt werden. Im Unterschied zur Kapitalvermehrung durch produktive und gewinnbringende Investitionen bringt die einfache Vermehrung der sich im Umlauf befindenden Geldmengen aber immer auch die Gefahr von Inflation (Geldentwertung) mit sich und wird daher von stabilen Staaten nur sehr vorsichtig und zur Bekämpfung extremer Krisensituationen wie unlängst der Corona-Pandemie eingesetzt; siehe Inflation – Wikipedia.

Etablierung der Begriffe *Intellektuelles Kapital* und *Humankapital* geführt. Da es sich bei beiden jedoch um betriebswirtschaftliche Größen zur Beschreibung von Unternehmenswerten handelt, die als *Immaterielle Vermögensgegenstände* (englisch: *intangible assets*) bilanzierbar werden sollen, sind diese Begriffe für unsere handlungszentrierte Betrachtung des Wissens nicht geeignet.

Außerdem besteht ein wesentlicher Unterschied zwischen Wissen und ökonomischem Kapital darin, dass Kapital bei gescheiterten Inventionen verloren geht (etwa durch den Konkurs oder einen geringeren Aktienwert des Unternehmens, das die Investition getätigt hat), während sich Wissen auch dann vermehrt, wenn Handlungen nicht zum beabsichtigten Ziel führen. Reduziert wird bei gescheiterten Kapitalinventionen nur der *ökonomische Wert des Wissens,* also zum Beispiel der Wert eines Patents als immateriellem Vermögensgegenstand. Die handelnden Personen aber haben gerade auch *durch ihr Scheitern* etwas gelernt und *wissen* nun mehr als vorher – nämlich, was sie in Zukunft zur Erreichung eines bestimmten Zieles *nicht* mehr tun sollten.

Wissen vermehrt sich durch seine Verwendung in neuen Kontexten also *immer,* egal, ob die mit ihm ermöglichten und durchgeführten Handlungen hinsichtlich ihres Ziels erfolgreich sind oder nicht. In diesem unendlichen Wachstum des Wissens durch Austausch und Kollaboration liegt die einmalige Besonderheit von *Wissen als Handlungsoption.*

Empirische Daten belegen, dass neben den drei klassischen Wirtschaftssektoren *Landwirtschaft, Produktion* und *Dienstleistung* ein vierter Sektor *Information* entstanden ist und stark anwächst, der alle Beschäftigten in den übrigen drei Sektoren zusammenfasst, deren berufliche Tätigkeiten eine starken Bezug zu Informationen aufweisen.

Um aus digitalen Daten und Informationen durch Vernetzung und Kontextualisierung *Wissen* erzeugen und nutzen zu können, müssen natürlich zunächst die entsprechenden technologischen Voraussetzungen geschaffen werden. Ich habe oben im Unterkapitel „*Menschliche Handlungen erzeugen digitale Daten*" bereits auf die Wichtigkeit von standardisierten Datenformaten und interoperativen Applikationen für den Austausch von Informationen hingewiesen.

Hier nun möchte ich zeigen, dass die vermehrte Nutzung von Wissen einen ökonomischen Skaleneffekt mit sich bringen kann, den die folgende Graphik veranschaulicht (Graphik 3).

Die blaue Kurve zeigt den anfangs geringen Grad der Wissensnutzung für die Lieferung von rechtlichen Services, der im Laufe der Zeit allerdings immer weiter ansteigt, weil das Nutzen von Wissen neues Wissen erzeugt, das wiederum für neue Services relevant ist. Die orange Kurve zeigt die abnehmenden Grenzkosten

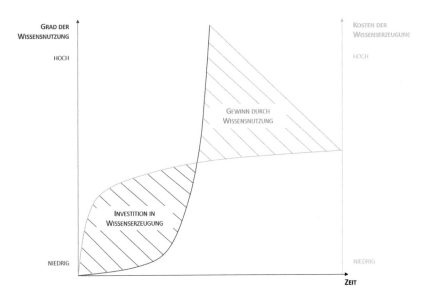

Graphik 3   Ökonomischer Skaleneffekt der Wissenserzeugung und Wissensnutzung

der Wissenserzeugung, weil der Aufwand für Hardware, Software und das Training der Mitarbeiter, um beide bedienen und neue handlungsrelevante Kontexte generieren zu können, nur anfänglich hoch ist und im Laufe der Zeit pro neu erzeugter Wissenseinheit immer geringer wird.

Anfangs gibt es daher einen rot gekennzeichneten Investitions-Zeitraum, in dem ein Unternehmen hohe Kosten für die zur ad hoc Erzeugung von Wissen durch Künstliche Intelligenz nötige Infrastruktur hat, ohne das erzeugte Wissen in hohem Maß für die Lieferung von Services und die Entwicklung neuer Services nutzen zu können. Ab einem bestimmten Punkt kehrt sich dieses Verhältnis jedoch um und es entsteht ein Gewinn-Zeitraum, in dem Wissen viel zur Lieferung und Entwicklung von Services beiträgt, obwohl die Grenzkosten für die Erzeugung des Wissens immer weiter abnehmen. Wo genau dieser Umkehrpunkt liegt und wann er erreicht wird, hängt von den jeweiligen Handlungskontexten ab und lässt sich nicht allgemein bestimmen.

Zur Veranschaulichung des invertierten Zusammenhangs von Wissenserzeugung und Wissensnutzung möchte ich *Vertragsmanagement* als Beispiel anführen. Die für das globale Vertragsmanagement zuständige Inhouse-Rechtsabteilung eines Softwareunternehmens mag bei der Durchsicht von Lizenzverträgen mit

Kunden feststellen, dass in vielen Ländern einer Region immer wieder aufs Neue bestimmte Passagen des Standardvertrags von den lokalen Anwälten manuell abgeändert werden, was die Anwälte Zeit und Mühe kostet und dem Unternehmen insgesamt durch intensiven Personaleinsatz erhöhte Kosten und durch die verlangsamte Markteinführung neuer Software-Produkte Umsatzverluste beschert. Die Rechtsabteilung entschließt sich, ein zentrales Vertrags-Repository anzulegen und Verträge mit Kunden in dieser Region anstatt manuell durch Anwälte durch eine Künstliche Intelligenz erstellen zu lassen, die auf eine Vielzahl verschiedener Vertragsvorlagen zurückgreift und diese Vorlagen in einem gewissen Rahmen auch automatisch anpasst, wenn bestimmte Passagen von Kunden immer wieder moniert werden.

Durch den Einsatz von Technologie und Künstlicher Intelligenz wird so Wissen erzeugt, das eine bestehende Aufgabe effizienter und kostengünstiger durchführt. Dieser Effizienzsteigerung und Kostenreduktion stehen allerdings auch hohe Investitionskosten für die technische Infrastruktur gegenüber, mit der dieses Wissen erzeugt werden kann, sodass gesamtunternehmerisch betrachtet höhere Kosten entstehen mögen als vorher.

Das Unternehmen kann nun jedoch die gleiche technische Infrastruktur mit geringem Mehraufwand dazu nutzen, um sein Wissen über Verträge aus einer Region auch auf Verträge aus anderen Regionen anzuwenden und dort ebenfalls Kosten und Zeit bei der Vertragserstellung einzusparen.

Darüber hinaus mag es einem Mitarbeiter anhand der im System erzeugten Daten auffallen, dass über alle Regionen hinweg Kunden einer bestimmten Größe oder Industrie ein ähnliches Interesse an bestimmten Software-Produkten des Portfolios aufweisen und auch ein bestimmtes Nutzerverhalten an den Tag legen. Das Unternehmen kann diese Einsicht dann dazu nutzen, ein spezielles und für beide Seiten vorteilhaftes Angebot für diesen Kundenkreis zu entwickeln.

Ebenso ist es denkbar, dass der Vergleich von Lieferantenverträgen über mehrere Regionen und Geschäftsbereiche deutlich macht, dass jede Landesgesellschaft mit den jeweiligen Tochtergesellschaften eines globalen Lieferanten Einzelverträge abschließt, deren globale Bündelung zu Preisnachlässen bei diesem Lieferanten führen könnte.

Zur Wahrnehmung und Realisierung aller beschriebenen Kosten-, Umsatz- und Zeitvorteile kann das Unternehmen die gleiche technische Infrastruktur nutzen, die anfangs zur Optimierung von Kundenverträgen in nur einer Region eingeführt wurde. Die Vorteile durch das Nutzen von Wissen, das mittels digitaler Daten und Künstlicher Intelligenz erzeugt wurde, wird über die Zeit also immer größer, während die zusätzlichen Kosten für die jeweilige Wissenserzeugung immer geringer werden.

2.3 Rechtliche und wirtschaftliche Chancen und Risiken inspirieren unternehmerische Ziele

Der Rechtsmarkt (oder die Rechts*branche* oder Rechts*industrie*) konstituiert sich an der Schnittstelle der beiden Handlungskontexte Recht und Wirtschaft. Der rechtliche Kontext zeichnet sich dadurch aus, dass er für alle Rechtssubjekte verbindliche harte Normen beinhaltet, deren Nicht-Befolgung für die handelnden Personen Sanktionen nach sich ziehen kann. Der wirtschaftliche Kontext ist durch die Möglichkeit des Gewinns oder Verlusts von knappen Ressourcen gekennzeichnet.

Im Unterschied zu Gerichten und anderen Organen der Judikative, die sich ausschließlich im rechtlichen Kontext bewegen und in ihrer Tätigkeit der Rechtsprechung wirtschaftliche Aspekte vollkommen außer Acht lassen können, stehen sowohl bei Anwaltskanzleien als auch bei Inhouse-Rechtsabteilungen gerade diese wirtschaftlichen Aspekte im Vordergrund. Sie müssen bei Rechtsstreitigkeiten immer auch die ökonomischen Bedingungen und Konsequenzen ihres Handelns mitbedenken. Bei Gerichten sind die Steuergelder, die zu ihrem Betrieb benötigt werden, ein Mittel zum Zweck der Rechtsprechung. Bei Kanzleien und Rechtsabteilungen ist es genau umgekehrt: für sie ist der Rechtskontext ein Mittel, um mit Dienstleistungen Geld zu verdienen.

In kommerziellen Firmen bestimmen die Aussichten auf finanzielle Gewinne, welche geschäftlichen Entscheidungen von der Unternehmensführung getroffen werden. Sowohl für Kanzleianwälte als auch für Syndikusse bedeuten wirtschaftliche Handlungsmaxime jedoch ein strukturelles Dilemma, denn aus rechtlicher Sicht ist die Frage, ob die sie beschäftigenden Kanzleien und Unternehmen Geld gewinnen oder verlieren, vollkommen irrelevant; was rechtlich zählt, ist, ob die Gesetze eingehalten werden oder nicht.

Alle Anwälte, die nicht direkt für die staatliche Judikative, sondern für kommerzielle Unternehmen arbeiten, sind in diesem strukturellen Dilemma gefangen: Sie müssen das Gesetz einerseits als rechtliches Absolutum behandeln und es andererseits gleichzeitig als Mittel für wirtschaftliche Zwecke nutzen. Der rechtliche Code ,*Ist eine unternehmerische Handlung legal oder illegal?'* kollidiert also mit dem wirtschaftlichen Code ,*Führt eine unternehmerische Handlung zu finanziellen Gewinnen oder zu finanziellen Verlusten?'*

Die Debatte, ob Syndikusanwälte in Deutschland von der gesetzlichen Rentenversicherung befreit bleiben dürfen oder nicht, kann als Ausdruck diese Dilemmas gesehen werden. Im Jahr 2012 hatte das Bundessozialgericht entschieden, dass Unternehmensjuristen nicht als Anwälte tätig sind, daher nicht Mitglied in einer Rechtsanwaltskammer werden können und folglich auch nicht von der gesetzlichen Versicherung befreit werden können. Das zugrunde liegende Gesetz wurde 2015 vom Parlament angepasst und die Rechtsstellung von Unternehmensjuristen als Rechtsanwälte gestärkt, was im September 2020 endgültig vom Bundessozialgericht bestätigt wurde.

Dieses strukturelle Dilemma von wirtschaftlich tätigen Anwälten wird durch die Digitalisierung und den zusätzlichen Effizienzdruck weiter verstärkt. In der Vergangenheit neigten Syndikusse dazu, den Konflikt zwischen Recht und Wirtschaft zugunsten des Rechts aufzulösen. Sie gingen ‚auf Nummer sicher‘, konzentrierten sich bei ihren Dienstleistungen ausschließlich auf die Frage, ob Gerichte eine bestimmte geschäftliche Vorgehensweise wahrscheinlich als *legal* oder als *illegal* bewerten würden und kümmerten sich weniger oder gar nicht um die geschäftlichen Auswirkungen ihrer Rechtsposition für die internen oder externen Mandanten. Zudem sprachen sie in den seltensten Fällen konkrete Handlungsempfehlungen aus, sondern beließen es bei dem für Juristen so typischen ‚einerseits und andererseits‘, wodurch die Aufgabe der *Übertragung von rechtlichen Optionen auf unternehmerische Handlungen* wiederum den Mandanten zufiel.

Nun ist offensichtlich, dass wirtschaftliche Entscheidungen in Firmen nicht von Anwälten gefällt werden, sondern letztlich immer den verantwortlichen Managern obliegen. Trotzdem wünschen sich viele Entscheider zumindest eine klare *Handlungsempfehlung aus rechtlicher Sicht*, um diese Empfehlungen in ihre Entscheidungen einfließen lassen zu können.

Spätestens seit der Finanzkrise und dem Aufkommen von *Legal Process Outsourcern* und LegalTech-Unternehmen wird die Tendenz der Anwälte, die Berücksichtigung der geschäftlichen Auswirkungen ihrer Rechtsberatung nicht als Teil ihrer Aufgabe anzusehen, von den Mandanten nicht mehr akzeptiert. Unternehmen erwarten zwar auch weiterhin eine fundierte Rechtsberatung – aber zudem verlangen sie nun auch, dass diese Beratung auf eine möglichst effiziente und kostengünstige Weise erfolgt und die geschäftlichen Implikationen einer bestimmten Rechtsposition mit berücksichtigt.

Den Rechtsabteilungen ergeht es damit nun ebenso wie den anderen Bereichen zentralisierter Unternehmensservices *(Corporate Services)*. Die Effizienzsteigerung durch Digitalisierung, Prozessoptimierung und die teilweise oder vollständige Auslagerung von Diensten begann in den Bereichen *Information Technology, Personalabteilung, Finanzen* und *Einkauf* schon Jahrzehnte früher und führte auch dort zu einer Ergänzung von Fachkompetenz durch ökonomische Kompetenz und zu einer ganzheitlicheren Betrachtung von internen Kundenanforderungen.

Zu einer solchen ganzheitlichen Beratung sind Kanzleianwälte und Syndikusse aus unserer Sicht auch durchaus in der Lage. Als *Meister der Mehrdeutigkeit*[30] können Anwälte zu leistungsstarken Geschäftspartnern werden, denn sie sind geschult darin, das Für und Wider einer bestimmten Position zu eruieren, die Interessen verschiedener Parteien zu verstehen und die Grundlagen für Win-Win-Beziehungen zu legen. Wenn es um Firmenfusionen oder -übernahmen, um Unternehmensstrategien, Produktlinien und Dienstleistungsportfolios geht, kurz: bei allen geschäftlichen Entscheidungen, die eine *Bewertung von Szenarien und ein Abwägen von Handlungsalternativen* erfordern, können und müssen Anwälte über das hinausgehen, was früher von ihnen erwartet wurde und damit beginnen, ihre intellektuellen Fähigkeiten außer im rechtlichen auch im geschäftlichen Bezugsrahmen anzuwenden.

Zwei Geschäftspraktiken, durch die Inhouse-Rechtsabteilungen den Ansprüchen ihrer Mandanten besser genügen können, sind *Risiko-* und *Projektmanagement*. General Counsels sind im Wesentlichen *Risikomanager*.[31] Ihre Kernaufgabe ist es, die finanziellen Auswirkungen rechtlicher Risiken abzuschätzen und juristische Fragen in geschäftliche Handlungsempfehlungen zu übersetzen.

Projektmanagement ist deshalb wichtig für Unternehmensjuristen, weil sie nicht über sämtliche Fach-Kompetenzen verfügen können, die zur Vertretung der Unternehmensinteressen notwendig sind. Sie müssen daher häufig mit externen Spezialisten zusammenarbeiten und mehrere Fälle parallel bearbeiten. Durch die Anwendung von Projektmanagement-Methoden und die Definition von Leistungskennzahlen[32] können Syndikusse sicherstellen, die Übersicht über mehrere gleichzeitig anhängige Rechtsfälle zu behalten und Projektergebnisse in der nötigen Qualität und im definierten Zeit- und Budgetrahmen abzuliefern.

Wie wirken sich nun die in digitalen Daten enthaltenen rechtlichen und ökonomischen Chancen und Risiken auf unternehmerische Ziele aus?

Ich möchte diese Frage zuerst für den *Business-to-Consumer* (B2C) und danach für den *Business-to-Business* (B2B) betrachten.

---

[30] Siehe Masters of Ambiguity: How Legal Can Lead the Business | SpringerLink.

[31] Siehe Globalization and the Changing Role of General Counsel: Current Trends and Future Scenarios | SpringerLink, Introduction: „Run Legal as a Business!" | SpringerLink.

[32] Siehe Chapter cover | Key Performance Indicators (KPIs): Run Legal with Business Metrics: Will the Legal of the Future Measure Everything It Does? | SpringerLink.

2.3.1   Rechtsportale schaffen Zugang zum Recht

In dem biografischen Kriminalfilm „*Catch Me If You Can*" aus dem Jahr 2002 spielt Leonardo diCaprio einen Betrüger, der erfolgreich Millionen von Dollar ergaunert, indem er sich nacheinander als Pilot der Pan American World Airways, als Arzt in Georgia und sogar als ein Staatsanwalt in Louisiana ausgibt. Er wird aufgespürt und schließlich, nach vielen Jahren, von Tom Hanks festgenommen, der einen FBI-Agenten darstellt.

Der Film veranschaulicht, dass es Menschen immer freisteht, das Gesetz zu brechen – und wenn sie clever sind, kommen sie damit sogar durch, zumindest für eine gewisse Zeit. Für gesetzestreue Menschen, die durch kriminelle Aktivitäten zu Schaden kommen, bedeutet dies, dass *Recht haben* und *Recht bekommen* zwei verschiedene Dinge sind. Einzelpersonen und Organisationen brauchen daher nicht nur staatlich garantierte Rechte, sondern auch die Möglichkeit, diese Rechte wahrzunehmen und durchzusetzen.

Um die Komplexität rechtlicher Angelegenheiten zu verstehen, fehlen den meisten Privatpersonen jedoch die Zeit und das nötige Grundwissen. Gerade wenn es um alltägliche Vertragsabschlüsse geht, unterschreiben viele von uns seitenlange Verträge mit kleingedruckten Geschäftsbedingungen, ohne sie zu verstehen, und oft sogar, ohne das Dokument überhaupt zu lesen. Wir alle wollen unseren Online-Shops, Telekommunikationsunternehmen und Fitnessstudios vertrauen – und merken oft nicht, dass wir unwissentlich Haftungsverzichtserklärungen unterschrieben oder Klauseln akzeptiert haben, die uns zum Beispiel von einer Klageerhebung ausschließen und uns stattdessen zu einem Schiedsverfahren zwingen.

Das *World Justice Project* berichtet, dass „*mehr als 5,1 Mrd. Menschen – oder etwa zwei Drittel der Weltbevölkerung – nicht die Gerechtigkeit bekommen, die sie brauchen, sowohl für alltägliche Probleme als auch für schwerwiegende Ungerechtigkeiten, und etwa 1,4 Mrd. Menschen haben einen unerfüllten Bedarf an Zivil- oder Verwaltungsjustiz.*"[33] Zugang zum Recht zu erhalten ist sowohl in Entwicklungsländern als auch in hochentwickelten Industrienationen wie den USA und Deutschland schwierig. Das Problem in diesen Ländern besteht nicht darin, dass es nicht genug Anwälte gäbe, sondern dass die Rechtsdienstleistungen nicht alle diejenigen erreichen, die sie benötigen.

In Deutschland zum Beispiel wächst die Zahl der Anwälte, obwohl die Zahl der Gerichtsverfahren sinkt. Im Jahr 2016 praktizierten 164.000 Anwälte in

---

[33] Measuring the Justice Gap | World Justice Project (Übersetzung RS).

Deutschland (mehr als doppelt so viele wie 1995), aber die Zahl der Zivilprozesse sinkt seit 20 Jahren kontinuierlich: Im Jahr 2014 wurden 1,4 Mio. Klagen eingereicht – ein Drittel weniger als 1995. Der moderne Anwalt trägt Streit nicht vor Gericht aus, sondern versucht, sich mit der Gegenseite vorher zu einigen. Das ist auch sinnvoll, weil es die Konsensbildung in der Gesellschaft erleichtert und die Gerichte entlastet. Das Problem des Zugangs zu Recht wird damit aber nur auf den Zugang zum Anwalt und auf die Frage verschoben, wer sich einen Anwalt finanziell überhaupt leisten kann.

Denn ob mit oder ohne Gerichtstag: Empirische Daten belegen, dass es vor allem Menschen mit geringerem Einkommen oder geringer Bildung sind, die für die meisten ihrer zivilrechtlichen Probleme keine oder nur unzureichende juristische Hilfe erhalten. Die *Organisation for Economic Co-operation and Development* (OECD) stellt fest, dass die *„Unfähigkeit, rechtliche Probleme zu lösen, den Zugang zu wirtschaftlichen Chancen vermindert, die Armutsfalle verstärkt und das menschliche Potenzial und integratives Wachstum untergräbt.*"[34]

Diese *Gerechtigkeitslücken* wiederum inspirieren Unternehmer und führen zur Gründung von innovativen Firmen, die mittels Digitalisierung den Zugang zum Recht für Privatpersonen vereinfachen und demokratisieren, sowohl bei der Rechtsberatung im allgemeinen als auch im Miet- und Flugrecht und in anderen Rechtsgebieten.[35] Zwar können auch solche Hilfen nur dann genutzt werden, wenn die betreffenden Personen über einen Internetzugang verfügen und ein Grundverständnis davon besitzen, wie Web-Applikationen bedient werden. Dennoch sind diese digitalen Zugänge zum Recht in meinen Augen ein Fortschritt und ein Beleg dafür, dass Daten Einsichten ermöglichen, die unternehmerische Ziele inspirieren.

2.3.2   Vertragsmanagement als innovative und wertschöpfende Tätigkeit

Ich wende mich nun dem *Business-to-Business (B2B)* Bereich zu.

Die Geschäftstüchtigkeit von Anwälten und Rechtspersonal und die produktive Verwendung von Wissen spielen nicht nur für die internen Abläufe von Rechtsabteilungen und Kanzleien und für ihr Verhältnis zu Lieferanten und Partnern sowie

---

[34] Global Insights on Access to Justice 2019 | World Justice Project (Übersetzung RS).

[35] Siehe zum Beispiel Rechtsberatung online. Anwalt online fragen bei frag-einen-anwalt.de, Wir helfen Mietern | wenigermiete.de, Flightright: Ihr Experte für Ticketerstattung und Flugentschädigung, et cetera.

zu den internen und externen Mandanten eine immer größere Rolle, sondern auch generell für die Kollaboration zwischen Unternehmen.

Ich möchte am Beispiel *Vertragsmanagement* zeigen, wie Wissen Innovationen ermöglichen und unternehmerische Ziele inspirieren kann, und zwar nicht nur für die Leitungsebene *(Entrepreneurship)*, sondern auch für jeden einzelnen Mitarbeiter *(Intrapreneurship)*.

Die Geschichte des Vertragsmanagements beginnt in den 90er Jahren des vergangenen Jahrhunderts mit einer Rückbesinnung auf die Tatsache, dass das Schließen einer Vereinbarung zwischen Unternehmen ein *geschäftlicher Vorgang* ist, der dem Erreichen *gemeinsamer Ziele* dient.[36] Die mentale Übereinkunft der Vertragspartner *('meeting of the minds')* wurde zu Beginn der Industrialisierung oft informell ausgedrückt, etwa durch einen Handschlag der Partner oder ein verbales Versprechen.

Im Laufe der Zeit führte die zunehmende Komplexität von Kollaborationen dazu, dass Absprachen schriftlich dokumentiert wurden, und in der Folge löste sich der *Vertrag* als rechtliches Dokument vom Geschäftsprozess und gewann eine Art Eigenleben. Der Vertragsabschluss wurde zu einer Aufgabe für Anwälte, und durch den Versuch der Anwälte beider Seiten, Verträge möglichst sicher zu gestalten und den jeweils eigenen Mandanten vor allen Eventualitäten zu schützen, wurden Verträge immer länger und komplizierter.

Erst der Zusammenschluss von geschäftsorientierten Unternehmensmitarbeitern in Organisationen wie dem *World Commerce and Contracting*[37] führte dazu, dass die zu geschlossenen Systemen mutierten Verträge wieder stärker auf die kommerziellen Aspekte bezogen wurde, aus denen sie ursprünglich hervorgegangen waren. Der Ansatz, die gemeinsamen Interessen aller Vertragspartner über hypothetische rechtliche Konflikte zu stellen, führt zu schnelleren Abschlüssen und bringt Vorteile für alle Beteiligten mit sich.

Die Rückbesinnung auf die geschäftliche Basis des Kontrahierens wurde von der Einsicht begleitet, dass viele der administrativen und organisatorischen Tätigkeiten aus rechtlicher Sicht nicht zwingend von Anwälten erledigt werden müssen und mit Hilfe von Software besser, schneller und preisgünstiger durchgeführt werden können.

---

[36] Siehe das Elevate Whitepaper von Robert C. Couch und Dr. Roger Strathausen: *„From IA to AI – The Evolution of Contracting"* (Englisch).

[37] World Commerce And Contracting Association | WorldCC.

Im Folgenden möchte ich die Entwicklung des *Contract Lifecycle Management Solutions (CLMS)*[38] Marktes nachzeichnen. Ich betone dabei, dass jede neue CLMS-Generation nicht allein, und auch nicht primär, durch neue Funktionalitäten gekennzeichnet ist, sondern dadurch, *dass sie im Kern mit einer neuen Technologie geplant wurde* und dadurch zukünftige Entwicklungsmöglichkeiten besitzt, die der vorherigen Generation durch ihre veraltete Core-Technologie verschlossen blieben.

Schon seit der 1970er Jahre und vor der Entwicklung von CLMS gab es transaktionale Anwendungen für die Geschäftsbereiche *Fertigung* und *Finanzen,* die jeweils an proprietäre Datenbanken gebunden waren und nur selten von einer Hardware auf eine andere portiert werden konnten. Mit den von Universitäten entwickelten *Relationalen Datenbanken (RDBMS)* trat eine neue Technologie zutage, die den Funktionsumfang von Back-End Systemen erweiterte und *Enterprise Resource Planning (ERP)* Anwendungen von *SAP, J.D. Edwards, Oracle* und anderen entstehen ließ.

Frühe CLMS-Anbieter wie *diCarta*[39] entstanden um die Jahrtausendwende auf Basis von relationalen Datenbanken. Sie waren für Rechts- und Finanzabteilungen gedacht und boten Funktionalität für die Nachverfolgung von Vertragsklauseln, das Anhängen von Dateien und das Auffinden dieser Klauseln über eine Stichwortsuche. Unter anderem durch die *Sarbanes-Oxley-Gesetze* stieg das Interesse von *Chief Financial Officers* (CFO) an einem zentralen Repository für Verträge und Vertragsbedingungen, und es reifte die Idee einer ,*Single Source of Truth'*.

Die erste wirklich als *Generation* zu bezeichnende Gruppe von CLMS (von Anbietern wie *Determine, Nextance, Symfact* und anderen) zielte zwar weiterhin auf die Rechts- und Finanzabteilungen ab, wurde aber auf dem neuen Extended Markup Language (XML) Standard entwickelt und bot so mehr Flexibilität bei der Gestaltung und Verwaltung der Datenbanken und bei der Volltextsuche.

Die zweite Phase des Vertragsmanagement-Markts begann etwa Mitte der 2000er-Jahre als Ergebnis von *Spend Management* Initiativen der Einkaufsabteilungen, die ähnliche Vertragsfunktionen wie die Rechtsbereiche benötigten. Die Anbieter reagierten mit Workflows und der Möglichkeit der Übergabe von Aufgaben zwischen der Beschaffungs- und der Rechtsabteilung. Einkäufer konnten den Vertragsprozess aus einer Vorlage heraus initiieren und den generierten Vertrag

---

[38] Siehe Contract lifecycle management – Wikipedia und Gresbrand, Klaus, et. al., „Contract Lifecycle Management – How to select the right platform?", Weblaw 2021 Weblaw – Bücher (Englisch).

[39] Viele dieser frühen Anbieter verschwanden später wieder von dem Markt oder wurden von anderen Firmen übernommen (so *diCarta* vom *Emptoris,* Emptoris – Wikipedia), sodass heute keine öffentlichen Informationen mehr zu ihnen existieren.

mit eigenen Editoren überarbeiten. Zur gleichen Zeit integrierte Microsoft diese Anwendungen in Word, wodurch proprietäre Editoren an Bedeutung verloren. Weil bei Geschäftsabschlüssen die Einkaufsabteilung gewöhnlich in einer besseren Verhandlungsposition ist als der Vertrieb der Gegenseite, konnten die Vertragsvorlagen für den Einkauf leichter und schneller standardisiert und automatisiert werden als die Vorlagen für Verkaufsverträge. Erst Mitte bis Ende der 2000er Jahre wurden Vertriebs-Funktionen stärker berücksichtigt, was unter anderem zu Klausel-Bibliotheken und mehr Flexibilität führte.

In den späten 2000er und den 2010er Jahren, der dritten Marktphase des Vertragsmanagements, erschien mit integrierten Systemen die zweite Generation von CLMS für das gesamte Unternehmen, also für Rechts, Finanz, Einkauf und Vertriebsabteilungen. General Counsels stiegen in die Vorstandsebene von Unternehmens auf und waren an Enterprise-CLMS mit Metadaten, Workflows und Verhandlungsfunktionen für *alle* Geschäftsbereiche interessiert. Technologisch zeichnete sich diese Generation durch *Web-Services,* standardisierte *Application Programming Interfaces (API)* und mehr *Self-Services* für Nutzer aus.

In dieser Phase wurden viele Rechtsabteilungen aus der Finanzabteilung in die Geschäftsleitung verlagert, was Anbieter von *Matter Management* und *eBilling* Lösungen wie zum Beispiel *Mitratech* und *CT TyMetrix* (jetzt *Wolters Kluwer*) dazu veranlasste, ihre bestehenden Lösungen um CLM-Funktionen zu erweiterten.

Diese Enterprise-CLM-Lösungen entstanden in der Cloud, und da sie von Anfang an *für die Cloud geplant* worden waren, übertrafen sie hinsichtlich ihres Funktions- und Entwicklungspotenzials die hinter einer Firewall gehosteten Systeme der ersten Generation. Zwar wurden auch die älteren Systeme für die Cloud angepasst, aber sie waren ursprünglich eben *nicht mit dieser Technologie konzipiert worden.* Die meisten der neuen Cloud-CLM-Systeme boten Word als integriertem Editor sowie eine einfachere Nutzung von Vorlagen und benutzerfreundlichere Tools für Konfiguration und Verwaltung an, wodurch weniger IT-geschultes Personal benötigt wurde. Zu den Anbietern gehören zum Beispiel *Apttus, Conga, Novatus* und *SpringCM.*

Der *Zeitpunkt des Designs* ist also der entscheidende Faktor für die Kategorisierung eines CLMS als erste, zweite oder dritte Generation. Zur dritten CLMS-Generation seit den späten 2010er Jahren gehören Anbieter wie *Agiloft, Icertis, Ironclad, Malbek* und *Ultria,* deren Lösungen sich durch ein auf Künstlicher Intelligenz basierendes Design und durch die Selbstadministration von APIs unter Verwendung von No-Code- oder WYSIWYG-Administrations-Tools auszeichnen.

Der erste Anwendungsfall von Künstlicher Intelligenz auf Verträge war die semantische Extraktion bestimmter Ausdrücke aus den unterschriebenen Vertragsdokumenten, die dann in eine strukturierte Datenbank übertragen und in Excel exportieren wurden, damit sie an anderer Stelle importiert und wiederverwandt werden konnten. Einige dieser Tools fanden ein Zuhause in *eDiscovery* und wurden schnell Teil der CLM-Diskussion. Ein weiter Anwendungsfall für Künstliche Intelligenz ist die vergleichende Analyse von Verträgen *(Contract Analytics),* um Vorlagen zu standardisieren und Vertragsverhandlungen zu unterstützen.

Bis hierher beschreibt meine Analyse des Vertragsmanagement-Markts und der Entwicklung von CLMS-Generationen das Handeln von Unternehmern, die mit eigenem oder mit Fremdkapital Firmen gründen und durch ihre Visionen neues Wissen und neue Technologien schaffen.

Auf welche Weise können nun einfache Mitarbeiter eines bestehenden Unternehmens als Intrapreneur tätig werden?

Auf die gleiche Weise wie ein Entrepreneur: *indem sie durch innovative Fragen Informationen neu kontextualisieren, dadurch Wissen über Kundenbedürfnisse und Servicelücken erzeugen und dieses Wissen dann für die Entwicklung neuer Produkte und Dienstleistungen nutzen.* Der Hauptunterschied zwischen Entrepreneurs und Intrapreneurs besteht darin, dass erstere sich an den Bedürfnissen externer Kunden orientieren, während letztere sich den Bedürfnissen interner Kunden widmen.

Ein gutes Beispiel für die Innovationsmöglichkeiten von Mitarbeiter in allen Unternehmensbereichen, die sich mit der Erstellung, Verwaltung und Analyse von Verträgen beschäftigen, sind die konfigurierbaren Dashboards in CLMS. Wenn alle Unternehmensverträge in einem zentralen Repository gespeichert und mittels Künstlicher Intelligenz nicht nur nach Metadaten kategorisierbar und Stichwörtern durchsuchbar sind, sondern auch semantisch analysiert werden können, und wenn die Ergebnisse dieser Analyse dann in einem vom Benutzer nach beliebig definierbaren Kriterien erzeugten Dashboard darstellbar sind, dann gewinnt die Frage, *welches geschäftliches Ziel ich überhaupt verfolge und was genau ich denn wissen will,* eine entscheidende Bedeutung.

Um zu Intrapreneuren im Vertragsmanagement zu werden, müssen Mitarbeiter also *innovative Ideen* dazu entwickeln, wie Daten aus Kunden-, Partnern und Lieferantenbeziehungen über verschiedene Industrien, Geschäftsbereiche und Geographien hinweg sinnvoll kontextualisiert und analysiert werden können. Anders als bei AlphaGo Zero muss die Künstliche Intelligenz in CLMS dazu natürlich zuerst mit unternehmensspezifischen Daten angelernt werden, weil es im Vertragsmanagement keine festen Regeln gibt, durch die das System sich selbst trainieren könnte. Je größer die zur Verfügung stehende Datenmenge ist und umso genauer zum Beispiel akzeptable und nicht-akzeptable Klauseln durch menschliche Bewertung vorgegeben werden, umso besser wird auch die Leistung der Künstlichen Intelligenz.

Ich halte fest: Nur durch Innovation und menschliche Vorstellungskraft, durch Kreativität und Ideen, durch Visionen, Sehnsüchte und Wünsche werden aus Chancen und Risiken unternehmerische Ziele, die neue Produkte und Services entstehen lassen. Nur wenn andere Wege beschritten, Fragen gestellt und Interessen verfolgt werden, entsteht aus Informationen neues Wissen. Die Fähigkeit, unkonventionell zu denken (‚thinking out of the box‘), besitzen nur Menschen – Maschinen allein sind zu echter Innovation nicht in der Lage.

2.4   Die Verwirklichung unternehmerischer Ziele erfordert menschliche Handlungen

Im letzten Unterkapital zum *Handlungskreislauf des Wissens* lege ich dar, dass innovative Ziele am besten durch *Legal Information Management*[40] erreicht werden können. Unternehmen sollten agil organisiert sind und allen Mitarbeiter, unabhängig von ihrer Hierarchiestufe, ermöglichen, Kollegen auch ohne Weisungsbefugnis situationsgerecht zu *führen* und zu Handlungen zu motivieren.[41]

Unternehmerische Ziele werden von vielen Faktoren beeinflusst, zu denen neben Marktbedingungen und rechtlichen Bestimmungen wie dem Lieferkettengesetz zunehmend auch soziale Megatrends wie *Nachhaltigkeit* und *Unternehmerische Gesellschaftsverantwortung* gehören. Anwaltskanzleien müssen mittlerweile gegenüber vielen Kunden nachweisen, dass sie ihr Personal auch nach *Diversity and Inclusion* Kriterien auswählen und verstärkt Frauen und soziale Minderheiten berücksichtigen.

Kommerzielle Unternehmen werden so gezwungen, nicht-ökonomische Aspekte in ihrer strategischen Geschäftsplanung stärker zu berücksichtigen. Die Zeiten, in denen Aktienrendite *(Englisch: Total Shareholder Return)* und Gewinn als alleinige Maßstäbe für den Erfolg eines Unternehmens dienten, scheinen endgültig vorbei zu sein.[42]

---

[40] Siehe Legal Information Management (LIM) Strategy: How to Transform a Legal Department | SpringerLink.

[41] Siehe Commoning and Tribes of Competence | SpringerLink.

[42] Siehe zum Beispiel Boston Consulting Group (BCG) Total Societal Impact: A New Lens for Strategy (bcg.com).

Mit dem Bekenntnis zu sozialer Verantwortung ändert sich auch die interne Organisation vieler Unternehmen. Vertikale Management-Hierarchien und das linear-mechanistische Denken in Ursache und Wirkung, die lange Zeit die statische Struktur großer Organisationen prägten, gehören der Vergangenheit an. An ihre Stelle tritt das Bewusstsein, dass dynamische Marktgeschehnisse unvorhersehbare Effekte erzeugen können und dass komplexe Unternehmen sich daher nicht mehr vollständig von oben herab oder aus einer Zentrale heraus steuern lassen, sondern kreative und selbständig agierende Mitarbeiter benötigen, um schnell und flexibel auf Anforderungen von außen reagieren zu können.

Das *Massachusetts Institute of Technology (MIT)* argumentiert, dass es bei der Digitalisierung weniger um die Implementierung neuer Technologien geht, sondern darum, die Bedingungen zu verändern, unter denen Personen miteinander interagieren und Geschäfte machen.[43] Es ist und bliebt also auch im dritten Jahrtausend weiterhin der Mensch mit seiner Kreativität und Innovationskraft, der technologische Fortschritte überhaupt zur Geltung bringen kann.

Vertragsmanagement- und andere Software in der Rechtsbranche muss den Nutzern echte Vorteile bei ihrer Arbeit bringen, und sie muss einfach und intuitiv bedienbar sein, um akzeptiert zu werden. Die Forschungsfirma *Gartner* hat sehr treffend formuliert, dass in Zukunft statt technologie-kundiger Personen personen-kundige Technologien benötigt werden und dass sich die Last, Absichten in Handlungen zu übersetzen, vom Nutzer auf den Computer verschieben wird.[44]

Digitalisierung und *Humanisierung*[45] müssen als Einheit, als zwei Seiten einer Medaille gesehen werden. Unter *Humanisierung* verstehen wir keine Fokussierung auf Human*kapital,* weil dieser Begriff Mitarbeiter auf ihren ökonomischen Wertbeitrag reduziert, sondern eine *ganzheitliche Betrachtung von echten Mitarbeitern,* von Personen mit individuellen Merkmalen, mit Stärken *und* Schwächen. Es sind immer diese einzelnen *realen* Personen, die durch ihre tagtäglichen Handlungen einem Unternehmen als *juristischer* Person Leben verleihen und über seinen Erfolg und Misserfolg entscheiden.

---

[43] Siehe ‚Digital Transformation' Is a Misnomer (mit.edu) (Englisch).
[44] Siehe Gartner: Top 10 strategic technology trends for 2020 | Network World (Englisch).
[45] Siehe Humanisierung der Arbeitswelt – Wikipedia.

2.4.1   Situatives Führen und Agilität

Personen agieren nicht nur rein rational und wägen Mittel und Ziele immer vernünftig ab (zweckrationales Handeln), sondern handeln zum Teil ohne Überlegung einfach aus Gewohnheit (traditionales Handeln), nach Stimmungslage, also emotional und affektiv (affektuelles Handeln), oder lassen sich von bewussten oder unbewussten Werten (wertrationales Handeln) leiten.

Im Unterschied dazu funktionieren Maschinen immer entweder traditional, nach einer vorgegebener Routine, oder, falls sie wie AlphaGo Zero mit Künstlicher Intelligenz ausgestattet sind, zweckrational, nach rein logischen Kriterien für effiziente Zielerreichung durch ein optimales Verhältnis von Input und Output.

Dass Mitarbeiter auch affektuell und wertrational handeln, kann für Unternehmen dann zu einem Vorteil werden, wenn Emotionen und Werte in einem angemessenen Rahmen als persönliche Eigenschaften akzeptiert und für *Innovationen* und das *Führen* von anderen genutzt werden – also genau für das, was Maschinen *nicht* leisten können.

Traditionelle Führungstheorien stellen primär angeborene und nur zum Teil erlernbare *Eigenschaften und Fähigkeiten* von Führungspersönlichkeiten wie Charisma, Intelligenz, Anpassungs- und Durchsetzungsfähigkeit und so weiter in den Vordergrund. Die auf unterschiedliche Führungsstile fokussierende Literatur beschreibt hingegen *Verhaltensweisen* von Führungskräften, die von autoritär bis kooperativ und *laissez-faire* reichen kann und sich entweder am Reifegrad der Geführten oder an der Art der Aufgabe orientieren. Systemische Führungstheorien berücksichtigen eine Vielzahl von Umweltfaktoren und betonen die *dynamische Interaktion* zwischen Führungskräften und Geführten.

Für mein wissensbasiertes Verständnis von Führung ist erneut der jeweilige *Handlungskontext* von wesentlicher Bedeutung. Menschen handeln immer in konkreten Situationen – an einem bestimmter Ort, zu einer bestimmten Zeit, in einem bestimmten sozialen Zusammenhang und mit einem bestimmten Interesse.

Ich glaube, dass Mitarbeiter auf allen Hierarchieebenen eines Unternehmens situativ zu Führungskräften werden können, indem sie mittels Künstlicher Intelligenz handlungsrelevantes Wissen für die Realisierung strategischer Visionen und die Umsetzung operativer Ziele erzeugen und in diversen, räumlich verteilten und semi-autonomen Teams andere zur Mitarbeit motivieren.

Für eine solche, vor allem von dem US-amerikanischen Verhaltensforscher Paul Hersey und dem Managementberater Ken Blanchard entwickelte Theorie des *Situativen Führens*, gibt es aus meiner Sicht drei unternehmenskulturelle Voraussetzungen:

Ersten müssen *Informationen* frei verfügbar und kontextualisierbar sein, um bedarfsgerecht Wissen erzeugen zu können. Zweitens muss *Kommunikation* in und zwischen Teams über Abteilungsgrenzen und Hierarchieebenen hinweg permanent möglich sein. Und drittens müssen die *Regeln und Werte*, die sich ein Unternehmens zum Beispiel in Form von Unternehmensleitbildern oder internen Policies gegeben hat, für alle transparent sein und in der Praxis auch tatsächlich gelebt werden.

Was können Unternehmen zusätzlich tun, um einfache Mitarbeiter zu situativen Führungskräften werden zu lassen?
Sie können eine *agile Organisationsstruktur* schaffen.

Die traditionellen vier agilen Prinzipien, Personen über Werkzeuge, Praxis über Theorie, Kooperation über Konflikte und Veränderungen über Pläne zu stellen, stammen ursprünglich aus der Softwareentwicklung und beschreiben dort die Abkehr vom klassischen Wasserfallmodell, wonach Software linear in den klar voneinander abgegrenzten Arbeitsschritten *Anforderung, Entwurf, Implementation, Überprüfung* und *Wartung* entwickelt wurde.

Agile Softwareentwicklung ist ein Sammelbegriff für eine Vielzahl ähnlicher Methoden und Frameworks wie *Scrum, Kanban, Extreme Programmierung, Lean, DevOps* und andere, die sich alle an den oben genannten vier agilen Prinzipien orientieren. Statt in einmaligen linearen Schritten wird in inkrementellen und iterativen Zyklen von Planung und Ausführung gearbeitet, in denen schnell funktionierende Prototypen entstehen, die dann stetig verbessert werden.

Schon wenige Jahre nach dem Erscheinen des *Agilen Manifests* im Jahr 2001 wurden die Prinzipien agiler Softwareentwicklung auf andere Industrien und Arbeitsbereiche übertragen. In der Rechtsbranche und insbesondere für Rechtsabteilungen in Unternehmen hat sich die Kombination von *Scrum* und *Kanban* für die bessere Selbstorganisation von Teams, die Digitalisierung von Aufgaben, den innovativeren und gleichzeitig effizienteren Umgang mit begrenzten Ressourcen und die interne Etablierung der Rechtsabteilung als eines proaktiven Geschäftspartners der Unternehmensführung als sinnvoll erwiesen.[46]

Kanban (Japanisch für „*Karte*") ist eine in den 1940er Jahren von Toyota entwickelte Methode der Prozesssteuerung, das auf dem Wechsel von einem *planbasierten (Push)* zu einem *kunden- und nachfragegetriebenen Produktionsmodell (Pull, Just-in-Time)* basiert. Die zu erledigenden Aufgaben werden mittels Karten

---

[46] Siehe The New Legal Is Agile And It Has a New DNA | SpringerLink.

auf einem für alle sichtbaren Brett in die drei Rubriken „*Angefragt*", „*Begonnen*" und „*Erledigt*" organisiert und vermitteln so jedem Mitarbeiter einen visuellen Eindruck davon, wer gerade woran arbeitet, was bereits getan wurde und was noch zu tun ist.

Scrum (English für „*Gedränge*") kann als Methode genutzt werden, um ein Kanban-Brett zu etablieren, es aktuell zu halten und kontinuierlich zu nutzen. In Analogie zum Rugby ist das Ziel, sich zwar einzeln zu bewegen, aber als Team nach vorne zu kommen. Größere Ziele werden in kleinere Arbeitspakete zerlegt, die in Sprints mit klaren Aufgaben abgearbeitet werden, bevor das Ergebnis dann wieder gemeinsam evaluiert und neue Aufgaben priorisiert werden.

Für diesen Prozess existieren drei Rollen: Der *Product Owner* ist für die qualitative Spezifikation des Ergebnisses und seine fristgerechte Lieferung verantwortlich. Das *Entwicklungsteam* in der Größe von drei bis sieben Personen ist mit der Arbeit am Produkt und der Einhaltung der vereinbarten Standards betraut. Es definiert eigenständig die zu erledigenden Arbeitspakete und erfasst sie auf dem Kanban-Brett. Der *Scrum Master* schließlich stellt den Informationsfluss und die effektive Kommunikation zwischen den Teammitgliedern sicher und berichtet als *Change Agent*[47] die Ergebnisse an den Product Owner.

Die Kombination von Kanban und Scrum schafft Transparenz, ermöglicht Kollaboration zwischen den Mitarbeitern der Rechtsabteilung und legt so die Grundlage zur Überwindung der traditionell einzelkämpferischen Arbeitsweise vieler Juristen.[48]

2.4.2   Gesundheit als *Conditio Sine Quo Non*

Die Fähigkeit zu Handlungen setzt einen gesunden biologischen Organismus, und (jeweils metaphorisch gemeint) eine funktionierende Einheit von *Hirn* (Kognition), *Herz* (Emotionen und Werte) und *Hand* (Tätigkeiten) voraus.

Gesundheit ist jedoch immer beides zugleich: ein *objektiver* Maßstab, gemessen an den Möglichkeiten der Spezies,[49] und ein *subjektiver* Maßstab, gemessen an den jeweils eigenen persönlichen Möglichkeiten. Auch von Geburt an oder

---

[47] Siehe Change Management for Lawyers: What Legal Management Can Learn from Business Management I SpringerLink.

[48] Siehe Running the Legal Department with Business Discipline: Applying Business Best Practices to the Corporate Legal Function I SpringerLink.

[49] Siehe Internationale statistische Klassifikation der Krankheiten und verwandter Gesundheitsprobleme – Wikipedia, wo alle bislang bekannten menschlichen Krankheiten – und im Umkehrschluss – auch der gesunde Mensch beschrieben wird.

durch einen Unfall körperlich oder geistig beeinträchtigte Menschen können, bezogen auf ihre eigene *normale* Befindlichkeit, zu einem bestimmten Zeitpunkt gesund oder krank, fit oder weniger fit sein. Die Paralympics sind ein gutes Beispiel dafür, zu welchen außergewöhnlichen Leistungen auch körperlich beeinträchtige Menschen in der Lage sind.

Ich habe bereits mehrmals darauf hingewiesen, dass aus meiner Sicht die persönlichen Merkmale von und die Unterschiede zwischen Mitarbeitern (Vielfalt und Inklusion) positive Faktoren in den zunehmend heterarchisch und kollaborativ, in Geschäftsprozessen und Projekten organisierten Unternehmen darstellen. Mit Bezug auf den subjektiven Maßstab von Gesundheit lässt sich aber sagen, dass langfristig nur *gesunde* Mitarbeiter auch wirklich gute und leistungsstarke Mitarbeiter sein können.

Empirische Untersuchungen aus den USA belegen, dass Anwälte schon vor COVID-19 stärker als andere Professionen unter seelischen Krankheiten wie Stress, Angstzuständen, Depressionen, psychischen Störungen, Burn-out und sogar Sucht litten.[50] In den USA war im Jahr 2006 Selbstmord die dritthäufigste Todesursache unter Anwälten, nach Krebs und Herzerkrankungen. Die Selbstmordrate unter Anwälten ist dort fast sechsmal so hoch wie die der Allgemeinbevölkerung, und fast 40 % der Jurastudenten leiden unter Depressionen. Juristen sind in den USA dreimal so häufig von Alkohol oder anderen Substanzen abhängig wie Nicht-Juristen, und es gibt Hinweise darauf, dass fast die Hälfte von ihnen mit ihrer Berufswahl unzufrieden ist.

Dass es in Deutschland fast keine Informationen zum Thema *Gesundheit von Anwälten* gibt, geschweige denn wissenschaftliche Untersuchungen wie in den USA, ist nach einer Umfrage des Liquid Legal Institute leider nicht dadurch zu erklären, dass es den Anwälten hier besser gehe als in den USA; vielmehr ist das Thema in Deutschland einfach noch stärker tabuisiert als in anderen Ländern.

Es ist nicht leicht zu erkennen, wann Anwälte leiden. Sie bleiben typischerweise produktiv und generieren eine hohe Anzahl an abrechenbaren Stunden – bis es zu spät ist. Die abnehmende Gesundheit von Anwälten entwurzelt ihr privates und berufliches Leben und wirkt sich negativ auf ihr soziales Umfeld aus. Freundschaften lösen sich auf, Ehen gehen in die Brüche, Kindern fehlt die Zeit, die emotionale Nähe und die Liebe, die sie von ihren Müttern und Vätern zu Recht erwarten dürfen.

Doch nicht nur Familie und Freunde, auch Kollegen, Arbeitgeber, Mandanten und die Gesellschaft insgesamt sind von der abnehmenden Gesundheit der

---

[50] Siehe LLI-LawyerWellBeing-CallForAction.pdf (liquid-legal-institute.com) (Englisch).

Juristen betroffen. Hohe Fluktuations- und Abwesenheitsraten verursachen finanzielle Verluste und beschädigen die Reputation von Kanzleien und internen Rechtsabteilungen.

Um die systemische Natur dieser *stillen Epidemie* aufzudecken, hat das Liquid Legal Institute in einer Publikation das Problem ganzheitlich betrachtet und auf verschiedenen Ebenen aufgezeigt, wie *perfektionistische Persönlichkeiten und pessimistische Denkweisen, Win-Lose-Lehre an juristischen Fakultäten, finanzieller Druck, Einsamkeit und Konkurrenzdenken, Arbeitsstress, negatives soziales Image, durch die digitale Transformation ausgelöste Ängste* miteinander verbunden sind und sich gegenseitig verstärken können.

Angstzustände, Depressionen und andere Formen von psychischen Störungen und Krankheiten werden gerade in Deutschland immer noch stigmatisiert, weil sie dem proklamierten Selbstbild von Anwälten als starken, effizienten und leistungsstarken Fachleuten widersprechen – ein Bild, das die Rechtsbranche ihren Kunden weiterhin vorgaukelt.[51]

Doch je länger wir mit der Erkenntnis warten, dass die abnehmende persönliche Gesundheit von Anwälten und anderen Berufstätigen in der Rechtsbranche ein ernsthaftes gesellschaftliches Problem darstellt, desto größer wird dieses Problem. Es betrifft nicht nur einzelne Menschen, sondern auch die Fähigkeit der Gesellschaft als Ganzes, Rechtsstaatlichkeit als Grundlage der menschlichen Zivilisation zu gewährleisten.

---

[51] Siehe Health Compass for Attorneys I SpringerLink.

Schlussbemerkung: Die Idee eines Digitalen Ökosystems ‚Recht' (DIKE)

3

Wissen ist kein Selbstzweck. Es dient dem Handeln und dem Erreichen von Zielen. Dass durch Digitalisierung und Künstliche Intelligenz Wissen immer schneller ad hoc und lokal auf allen Ebenen eines Unternehmens erzeugt werden kann, eröffnet Handlungsoptionen, die aber nur von Menschen mit Ideen genutzt werden können.

Letztlich sind sowohl in der Privatwirtschaft als auch im Staatssektor individuelle Kreativität und der Wille zum Handeln notwendig, um mithilfe von neuen technischen Möglichkeiten entweder eigene oder von außen vergebene Ziele realisieren zu können.

Ein Beispiel für Innovation ist das von einem Konsortium unter Leitung des Liquid Legal Institute entwickelte Konzept eines *Digitales Ökosystem ‚Recht'* *(DIKE)*. DIKE wurde im Rahmen einer Gaia-X-Ausschreibung des Bundeswirtschaftsministeriums im Jahre 2021 zwar mit einem zweistelligen Millionenbetrag als förderwürdig anerkannt, aber wegen fehlender Haushaltsmittel des Bundes konnte bislang mit seiner Realisierung noch nicht begonnen werden.

Als eine EU-weite und von staatlichen, wirtschaftlichen und wissenschaftlichen Akuteren getragene Initiative verfolgt Gaia-X[1] das Ziel, eine leistungsstarke, sichere und von dem amerikanischen Hyperscalern weitgehend unabhängige Cloud-Infrastruktur aufzubauen und dabei besonderen Wert auf Datenschutz, Datensouveränität und Dateninteroperativität zu legen. In einem offenen Wettbewerb mit über 130 Teilnehmern hat sich DIKE dabei gemeinsam mit 15 anderen Gewinnern gegenüber der Konkurrenz durchgesetzt.

---

[1] Siehe Home – Gaia-X: A Federated Secure Data Infrastructure.

© Der/die Autor(en), exklusiv lizenziert an Springer-Verlag GmbH, DE, ein Teil von Springer Nature 2022
R. Strathausen, *Wissen als Handlungsoption*, essentials,
https://doi.org/10.1007/978-3-662-66681-4_3

Basierend auf der LLI-Idee einer *Common Legal Plattform*[2] handelt es sich bei DIKE um eine digitale, offene und neutrale Kollaborationsplattform für Unternehmen, Kanzleien, IT- und Legal-Tech-Dienstleistern, öffentliche Verwaltungen und Gerichte mit dem Ziel, die Transaktionskosten für Rechtsgeschäfte insbesondere für kleine und mittlere Unternehmen ohne eigene Rechtsabteilung zu reduzieren. Die als Freemium-Geschäftsmodell konzipierte Plattform verbindet Gemeinwohl mit kommerziellen Interessen, indem bestimmte grundlegende Funktionalitäten kostenlos und weitergehende Services über einen Marktplatz mit Anbietern und Nutzern gegen eine Gebühr angeboten werden sollen.[3]

Bislang verhindern Datensilos, fehlende bzw. proprietäre Standards und mangelnde Transparenz in der Rechtsbranche die Wiederverwendung von bereits existierenden Formaten und Inhalten, was zu unnötiger, langsamer und teurer Mehrarbeit führt und die Kollaboration zwischen Kunden, Dienstleistern, Partnern, Behörden und Gerichten erschwert. Als primärer Use-Case dient in DIKE die *Virtuelle Rechtsabteilung für KMU und Neugründungen* anhand eines Ende-zu-Ende Geschäftsprozesses mit den vier Phasen 1) Idee, Konzept und Gründung, 2) Validierung, 3) Skalierung und 4) Restrukturierung.

Die Rechtsbranche braucht mehr solcher innovativen Digitalisierungs-Ideen, und ich möchte meine Leser daher abschließend auffordern, selbst aktiv zu werden und ihr neu erworbenes Wissen zum Handeln zu nutzen!

---

[2] Siehe „Let Me Have Men About Me That Are Fat." Using a Common Legal Platform to Expand the Legal Services Providers' Pie | SpringerLink; The Common Legal Platform Revolution | SpringerLink.

[3] Siehe Legal Service Platforms: Balancing Commercial and Common Interests | Springer-Link.

Was Sie aus diesem *essential* mitnehmen können

- Klassisches Wissensmanagement ist obsolet.
- Geschäftsrelevantes Wissen wird durch Künstliche Intelligenz bedarfsgerecht und ad-hoc generiert.
- Innovation und Führung sind *Menschensache.*
- Digitalisierung und Humanisierung sind zwei Seiten einer Medaille.
- IT-Knowhow und Agilität werden zu Kernkompetenzen für Mitarbeiter in Rechtsabteilungen und Kanzleien.

R. Strathausen, *Wissen als Handlungsoption*, essentials, https://doi.org/10.1007/978-3-662-66681-4

Literatur

Couch, Robert C. / Strathausen, Roger: „*From IA to AI – The Evolution of Contracting*" (Elevate Whitepaper, Englisch)

Gresbrand, Klaus/Cevc, Baltasar/Eger, Benedikt/Jacob, Kai/Jansen, Dennis/Stößel, Frank/Strathausen, Roger/Waltl, Bernhard, *"Contract Lifecycle Management – How to select the right platform?"*, Weblaw 2021 (Englisch)

Hamel, Gary, „*Das Ende des Management*", Econ 2010

Jacob, Kai/Schindler, Dierk/Strathausen, Roger/Waltl, Bernhard, *"Liquify Legal – In 7 Schritten zur Transformation"*, Weblaw 2021

„*Liquid Legal – Humanization & the Law*", eds. Jacob, Schindler, Strathausen, Waltl, Springer (Englisch)

„*Liquid Legal – Towards a Common Legal Platform*", eds. Jacob, Schindler, Strathausen, Springer 2020 (Englisch)

„*Liquid Legal – Transforming Legal into a Business Savvy, Information Enabled and Performance Driven Industry*", eds. Jacob, Schindler, Strathausen, Springer 2017 (Englisch)

Strathausen, Roger, *"Leading When You Are Not the Boss"*, Apress, New York 2015 (Englisch)

Susskind, Richard, „*The End of Lawyers*", Oxford 2010 (Englisch)

Wagner, Jens, „*Legal Tech und Legal Robots*", (2. Auflage), Springer-Gabler 2020

Printed in the United States
by Baker & Taylor Publisher Services